挑战VS对应

社会工作者角色压力及因应模式研究

张雪◎著

TIAOZHAN VS DUIYING

SHEHUIGONGZUOZHE
JUESE YALI JI YINYING MOSHI YANJIU

中国社会出版社
国家一级出版社 · 全国百佳图书出版单位

图书在版编目（CIP）数据

挑战vs对应 ：社会工作者角色压力与因应模式研究 / 张雪著．-- 北京 ：中国社会出版社，2024．11．

ISBN 978-7-5087-7115-1

Ⅰ．D632

中国国家版本馆 CIP 数据核字第 20244SB441 号

挑战vs对应：社会工作者角色压力与因应模式研究

出 版 人：程　伟

终 审 人：陆　强

责任编辑：张　迟

装帧设计：尹　帅

出版发行：中国社会出版社

（北京市西城区二龙路甲 33 号　邮编 100032）

印刷装订：北京九州迅驰传媒文化有限公司

版　　次：2024 年 11 月第 1 版

印　　次：2024 年 11 第 1 次印刷

开　　本：170mm × 240mm　1/16

字　　数：180 千字

印　　张：12

定　　价：42.00 元

本书由广东省教育科学规划课题“应用型高校社会工作专业人才实践能力培育机制研究”（项目编号：2020GXJK202）和东莞理工学院社会工作学位培育经费资助出版。

本书为广东省教育科学规划课题“应用型高校社会工作专业人才实践能力培育机制研究”（项目编号：2020GXJK202）的阶段性研究成果。

前言

2006年，党的十六届六中全会通过的《中共中央关于构建社会主义和谐社会若干重大问题的决定》中提出了“建设宏大的社会工作人才队伍”的重大论述。自此，社会工作作为一种职业类别逐步从地方层面的实践探索上升到国家层面的制度安排。2010年，国务院制定的《国家中长期人才发展规划纲要（2010—2020年）》提出“到2015年，社会工作人才总量达到200万人。到2020年，社会工作人才总量达到300万人”的愿景。2011年，中央组织部、民政部等18个部门和组织联合发布《关于加强社会工作专业人才队伍建设的意见》（以下简称《意见》）。该《意见》成为全国社会工作专业人才队伍建设的指导性纲领。随后，在井喷式的社会工作发展政策论述中，社会工作者作为专业人才在解决和预防社会问题方面被寄予厚望，成为社会治理领域专业服务的提供主体之一。然而，诸多文献以及笔者的亲身经历呈现的却是社会工作专业人才在职业场域发展中遇到的重重困境。

本研究以社会工作者为研究对象，紧扣社会工作者在工作场域中扮演的角色、面临的角色挑战以及如何因应这些挑战来折射社会工作者所处职业栖息地的现状。本研究以社会工作职业发展较早、职业发展体系较为成熟的广东省A市为例，以生态系统理论、角色理论、因应理论为分析视角，探讨社会工作者的角色压力和因应模式。研究目的有三：第一，探索A市社会工作者眼中的职业角色，及其在不同的职业生涯阶段形塑角色的过程中产生的职业角色压力来源；第二，探索在A市社会工作不同发展阶段，社会工作者的角色压力类型及具体表现形式；第三，探索社会工作者角色压力的因应模式，及其对本土社会工作发展的意义。

本研究以主题分析的研究方法，针对A市（曾）在职的社会工作者进行深度访谈。研究发现，A市社会工作者的职业角色、角色压力的形塑以及因应是通过社会工作者与职业栖息地不断互动建构的，是一个动态的发展过程。社会工作者在与环境的双重转换中，形塑出多元职业角色与角色压力；角色压力受到微观、中观、宏观各种因素交织互动的影响；其因应的行为与策略也随着职业生涯的发展有所不同。总体来说，本研究得出如下结论。

第一，社会工作者职业角色以间接角色与合并角色为主。行政工作的执行者、岗位调动的适应者、评估的迎合者以及系统的维护与协调者的角色内涵具有本土特色。

第二，社会工作者因应角色压力的主要模式取向为“积极主动因应模式”与“积极被动因应模式”。在职业发展初期，主要模式取向为“积极被动因应模式”，社会工作者尤其需要具备文化水平和沟通能力；在职业发展过程中，两种模式取向交替并存，社会工作者则需要具备更强的专业基础能力和专业进阶能力。

第三，“个体胜任力”与“环境质量”是社会工作者因应角色压力的关键要素。

基于以上结论，本研究认为，优化社会工作者职业栖息地的环境，增强社会工作者与职业栖息地的互动品质，提高社会工作专业人才个人素养等，是推动社会工作专业人才高质量参与社会治理发展的重要基础。主要举措：第一，提升高校教育质量，有效增强学生就业力；第二，政府—行业协会—评估机构三方合力改善社会工作者职业发展环境；第三，提升社会工作服务机构管理能力，实现社会工作者与机构的有效互动；第四，发挥督导的教育与支持功能，提高社会工作者因应角色压力的能力；第五，培育社会工作者个体韧性，以提升其因应角色压力能力和个体胜任力。

作者

目 录
CONTENTS

第一章

绪　论

第一节 研究缘起

【我与社会工作的相遇之缘】

2005 年 9 月，我被中南民族大学社会工作系录取。我现在还清晰地记得，自己当时是被调剂到这个专业的。入学之后，我了解到，社会工作系95%的同学与我一样是被调剂而来的。其余 5%的同学虽然是主动报考的本专业，但他们对社会工作专业到底学什么、将来可以做什么很不清晰。他们之所以选择报考这个专业，仅是因为自己的高考分数达不到其他优势专业的要求。因此，当时的我们几乎是带着迷茫来到社会工作系的，并带着迷茫开始学习这个专业。大一的第一学期之初，我与几位同学下定决心要转到自己理想的专业，结果有三位同学转专业成功，而我因为新学期被选为学习委员，转专业的要求遭到辅导员的拒绝。辅导员认为，如果学习委员转了专业，对其他同学起不到好的带头作用。无奈之下，我便留在社会工作系，我与社会工作的缘分也就此真正开始。“既然选择了它，我就要把它学好”——带着这样的学习信条，我慢慢走进社会工作。大学二年级，我对社会工作专业的认知加深了，也开始爱上这个专业。通过学习“个案工作”“人类行为与社会环境”“青少年社会工作”“家庭社会工作”等核心课程，一种与社会工作相见恨晚的感觉反复萦绕在我内心深处。那段时间，我经常感叹：“如果青少年时期，我所在的学校有社会工作者，那么，那段特殊时期的我可能过得就没有那么迷茫，我在高考时可能就会考取心目中理想的大学。”就这样，我开始认同社会工作的专业价值，认真汲取专业知识。通过一段时间的学习，我对社会工作行业萌生了新的期盼和憧憬。我还清晰地记得大二时，“个案工作”课程的老师给我们带来了社会工作职业兴起的消息。我满心欢喜，暗下毕业后要南下做一名社会工作者的决心。我想，如果真有机会从事这个行业，我会毫不犹豫地选择做一名青少年社会工作者，到学校、到社区用所学专业知识帮助如我当初一样迷茫的青少年群体。

【社会工作职业生涯：我所经历的“一波三折”】

我的社会工作职业生涯开启于珠三角城市——广东省 A 市。从 2009 年的青少年领域起步，发展到 2012 年的家庭领域，我从一线社工晋升为督导。2012 年，我又升任社会工作服务机构的总干事，负责机构的行政与服务管理工作。2013 年，因缘际会，我来到 D 高校新成立的社会工作系从事社会工作专业教育工作。在社会工作服务机构和高校教育经验积累的过程中，我一直伴随着 A 市社会工作行业的发展，亲身感受到社会工作政策制度的变化、服务购买方式的变化、各领域专业服务的变化。

2009 年，我顺利地应聘到 A 市刚刚成立的某社会工作服务机构后，向机构申请想要从事的领域岗位。原本以为应聘成功即能上岗工作，但接下来“待岗”的三个月，让我感受到上岗工作并非想的那么简单。社会工作者上岗的条件不单单是被社会工作服务机构录用，同时还取决于政府专业服务购买单位能否成功地购买社会工作服务机构的服务。社会工作者想要从事什么岗位，不单单要听从社会工作服务机构的安排，还要看政府专业服务购买单位领导者的意愿，有时后者还起到了决定性作用。待岗的经历让我感受到，社会工作服务机构、社会工作者、政府专业服务购买单位、用人单位之间关系的复杂。这对刚刚毕业且希望经济独立的我来说是一个巨大的挑战。熬了三个月，我终于可以上岗了。欣喜的同时，却发现我所要从事的岗位不能被自己与机构左右。因为政府专业服务购买单位的领导需要二次选用人员，我去了与自己意愿相左的镇街工作，但好在分到了青少年领域。在这个岗位，我工作了两年。我觉得，工作团队的小伙伴支持感非常强，此外，工作处处是挑战。例如，无论是工作团队、用人单位的领导、合作单位还是服务对象，都存在不知道社会工作者要做些什么的困惑。我们经常要向其解释社会工作者、志愿者、社区工作者的区别，经常要向不同的社群澄清我们的专业角色。在专业服务中，因为市镇督导资源分布不均衡，我们镇街社会工作者没有专门的督导指导，时常不知道个案该不该开案、开了以后如何跟进；小组工作、社区活动的设计是否符合专业逻辑——无人指点迷津。就这样，我们带着模糊、困惑一点点推进和探索专业服务。同时，我们还要服从用人单位的安排，做很多体制内的工作。时间有限，为满足不同群体的需求，我们时常牺牲个人休息时间，加班加点完成各项工作或服务。长时间的加班导致职业倦怠，这是包括我自己在内的身边社会工作者最直接的工作感受。两年后，我们经历了 A 市社会工作行业发展阶段的“岗位动荡期”，很多社会工作者面临更换岗位或更换机构的境遇，我也不例外。这次调岗，我被机构调剂到家庭社会工作领域。与第一个岗位的专业成长环境不同，这里安排了来自中国香港的资深督导。在这一年多的工作过程中，我成长了许多，从一线社会工作者晋升为督导助理。在这里，我接受了来自中国香港资深督导的全程督导，按照督导的说法，我的专业能力提升得比较快。但即便是专业成长环境相对有所改善，我仍然存在困惑。行政工作的不断加码经常与专业服务冲突，越有能力的人越陷入没有专业服务空间的状态。用人单位的领导的要求如同“圣旨”，我们无力驳回。担任督导助理后，我被调到用人单位担任家庭服务领域的行政总负责人，督导和做实务的时间被严重挤压。无奈之下，我向社会工作服务机构请求协调，但最终的结果是机构一直回避这个问题。那时的我犹如浮萍，整天做着自己不想从事的行政工作，那种感觉令我度日如年。在挣扎之后仍无结果，我选择了离职。

三年的社会工作实务历程，我经历了很多困惑、迷茫、冲突。反思后，我认为，自己对社会工作行业、社会工作者的角色充满“美好想象”。然而，这些想象与社会工作职业最初发展的实际相差很大。倘若自己继续困顿在迷茫的实务界，看不清楚事物发展的本质，只会增加我对职业的倦怠和自身的苦恼。所以，在完成了硕士研究生的学习后，我选择退出社会工作实务界进入高校，在教书、学习、研究中不断探索本土社会工作实务的真实困境以及发展路径。时隔十年之余，社会工作行业的发展领域不断增多，社会工作行业的影响力也有相应的提升。但在与社会工作者的交流过程中，我发现他们对职业中的角色困惑依然存在。社会工作者有哪些困境，与过去比起来有哪些异同，他们是如何因应的，因应方式对社会工作的专业发展的影响可能是什么，这些问题非常值得我们关注、探讨与研究。

第二节　问题意识

我国内地社会工作职业发展的政策，政府购买社会工作服务中社会工作者与用人单位、社会工作服务机构、评估机构等的互动关系，高校社会工作教育与职业发展问题等，均是本研究的相关基础背景。

一、社会工作政策推动职业的快速发展

我国内地社会工作政策作为推进社会主义现代化进程和社会工作发展保障的重要支撑，深度契合到社会发展的整体脉络之中（张昱 等，2021）。2004 年，劳动和社会保障部发布《社会工作者国家职业标准》，社会工作者被确定为一种新的职业；2006 年 10 月 11 日，党的十六届六中全会通过的《中共中央关于构建社会主义和谐社会若干重大问题的决定》作出了“建设宏大的社会工作人才队伍”的重大战略部署（李迎生 等，2016）。自此，社会工作者作为一种职业类别逐步从地方层面的实践探索上升到国家层面的制度安排。社会工作者职业水平评价和资格认证等政策的出台，表明国家的社会工作职业制度的日趋完善（杨发祥 等，2016）。2010 年，国务院制定的《国家中长期人才发展规划纲要（2010—2020 年）》提出“到 2015 年，社会工作人才总量达到 200 万人。到 2020 年，社会工作人才总量达到 300 万人”的愿景。2011 年，中央组织部、民政部等 18 个部门和组织联合发布《关于加强社会工作专业人才队伍建设的意见》（以下简称《意见》）。该《意见》成为全国社会工作专业人才队伍建设的指导性纲领。此后，社会工作政策进入井喷式发展期（彭华民，2016）。随着国家发展社会工作的制度与政策的纷纷出台，社会工作先行发展城市陆续出台、制定政府购买社会工作服务制度以及社会工作人才发展政策，推动了

社会工作行业与职业群体的迅速发展。十几年来，中央政府对社会工作行业的发展一直十分重视，政府工作报告中曾出现“发展社会工作”和“支持社会工作”的表述。我国内地社会工作在顺应工业化、城市化、市场化发展大势中起步，在服务经济社会发展大局中探索，初步建立了综合政策引领、专项政策配套、地方政策支撑的社会工作制度框架；社会工作专业人才队伍迅速壮大，业已成为社会建设的一支重要力量（公益时报，2022）。广东省A市作为珠三角经济较为发达的城市之一，2009年开启了“政府购买社会工作服务”的机制，以市委、市政府的名义出台了《关于加快社会工作发展的意见》和7个相关配套档。随后，市政府又出台了《A市政府购买社会工作服务实施办法（试行）》《A市政府购买社会工作服务考核评估实施办法（试行）》等多项实施办法，建立起“1+17”的配套档体系。至2023年，A市政府逐步构建了发展规划、购买制度、考核评估、继续教育、注册登记等多方面的社会工作政策体系，为A市社会工作的持续有序发展起到了重要指导及推进作用。

二、政府购买社会工作服务场域——社会工作者职业生存环境

为支持职业化发展，各地政府通过扶持本地社会工作服务机构，以出资购买社会工作服务机构专业服务的方式来提供公共服务。因此，我国内地发展社会工作服务的经费几乎全部来自政府（徐道稳，2017）。社会工作以社会工作服务机构为主体获取政府所让渡的资源、空间以及承接政府所转移的职能的过程，便是其获取合法性的过程（彭华民，2016）。在过去十余年的行业发展历程中，A市政府在各项政策的指引下，购买社会工作的形式逐渐多元化，社会工作服务机构的数量逐年增加，社会工作岗位和项目数量逐年增多，多领域的服务品牌也在逐年创新和发展。截至2021年底，全市共有50家名称中带有“社会工作”“社工”或以社会工作为主体服务的社会服务机构。全市统计在册的社会工作服务点共有700个，其资金来源主要包括市财政资金、镇街财政资金、社会资金、自有资金，其中镇街财政资金购买的服务点居多，其次是市镇两级财政资金，如居家养

老和社区综合服务中心。从业人员2177人，专职社工1620人。政府通过向社会工作服务机构购买的渠道为相关社群提供免费的专业社会工作服务，服务模式包括社会工作岗位模式、社区综合服务中心模式、居家养老服务模式、公益创投项目模式。同时，A市已经构建了相对完善的社会工作服务网络，覆盖A市全部镇街；服务内容全面，涉及民政（社会福利院、社会救助等）、社区服务（社综、社区服务站）、家庭服务、儿童服务、青少年服务、长者服务（居家养老）、残障服务（残康中心）、军休服务、企业服务、新莞人服务、禁毒服务、司法服务、党群服务、医务服务、学校服务等多个领域，基本上涵盖了社会服务、卫生和教育系统的所有面向（Gao et al.，2015）。政府购买社会工作服务不仅成为输送社会服务的主要方式、社会治理的重要内容（岳经纶 等，2018），而且使社会工作服务机构获得了前所未有的发展机会（陈锋 等，2020）。

在社会工作职业政策发展的推动下，民间社会工作服务机构的数量得到了井喷式增长（谭磊，2020），这为高校社会工作专业毕业生提供了诸多工作岗位，也为其他行业考取社会工作职业资格证的群体提供了转换行业的机会。一方面，社会工作者获得了国家认可的身份，从事专门的助人服务；在政府购买领域的多元化发展背景下，社会工作者职业发展也有了多样化选择。但从另一方面看，由于社会工作嵌入传统行政社会工作的服务领域与服务空间之中，具有政府主导下的自主性、让渡空间与拓宽空间，依附性功能、在嵌入中发展等特点（王思斌，2012），政府在支援社会工作发展的同时，也在挤压与管控其工作。专业社会工作在与行政社会工作的融合中出现悬浮式发展（难以在社区落地并提供有效服务）、趋同化发展（日趋行政化而近似行政工作）、依附型嵌入（依赖行政体制而难以发挥专业优势）的态势（徐选国 等，2016）。因此，社会工作者在“嵌入式”社会工作发展体制内，既要迎合（多层级）用人单位的行政性需要，又要服从所隶属的社会工作服务机构的管理；既要协助用人单位做好行政工作，又要争取自主空间做好专业评估要求下的专业服务。但“条”“块”纵横的多头管理和繁多的行政事务的指派，严重打乱了专业社会工作的工作程序、工作内容、工作性质，使专业社会工作者经常成为事实上的“外聘人员”“协管员”“被管理者”“被监督者”等行政性附属角色（韩江风，2019），专业服务执行者这一角色只能在以上行政性附属角色的扮演中弹性浮现。专业化是指专业社会工作者和社会工作服务机构通过在实践中不断积累理论知识和实践技巧，形成独特的理论体系和实务技巧，并逐渐得到内部和外部认同，获得专业权力的过程（文军 等，2018）。然而，现实的社会工作发展情境致使社会工作者面临专业“弱自主化”“低认同”的职业情形，与理想中的专业化程度有相当大的差距，为了在现实的情境下争取最大化的专业自主权，推动本土社会工作的发展，社会工作者就需要积极顺应行政体制内的合理要求，在保护专业底线的基础上追求专业自主性的发展。

三、高校教育目标与职业发展之需求的落差

社会工作的职业化是指在人们特定需要被满足的基础上，社会认定社会工作服务是一种获得专业化的发展之过程并且成为一个专业的职业（尹保华，2008）。社会工作要想发展成为一个成熟的、被社会认可的职业，确立职业地位和树立专业权威，必须依赖一批高素质、能有别于其他从业者、经过专业训练的专职人员（廖鸿冰，2016）。当前，在我国内地的社会经济发展特征下，社会之问题、社群之需求都显得越来越复杂且多元，均需要社会工作者发展其专业优势（王思斌，2020）。同时，社会工作者在政府购买社会工作服务的环境下，既要做好个案服务、小组活动、社区服务等直接服务工作，又要作为社会工作服务机构的核心力量，平衡其与用人单位的关系，这成为决定服务被继续购买的关键因素（徐双敏 等，2016）。另外，为回应责信要求，社会工作者还要深度参与岗位、项目、机构的评估环节与过程（孙斐 等，2020）。因此，在我国内地，社会工作者的职业使命远远超过了欧美国家社会工作的视野所及（何雪松 等，2013），社会工作者的角色定位、角色内涵更多样（曾华源 等，2016）。这般本土职业使命和多元角色要求社会工作者除了具备专业能力，还需要

具备职业能力，包括在组织内工作的能力，如书面表达能力、人际交往能力、管理能力（刘斌志 等，2015），也包含学习和了解顺应本土化、行政化体制与本地文化的能力，同时还包括良好的人格素养，如忍受挫折的能力等。我国内地高校的社会工作专业从20世纪80年代末恢复重建，经过30余年的发展，到2020年，已经有100余所高等院校开设了社会工作专业。然而，各高校社会工作专业之间同质化倾向严重；出现了社会工作专业人才培养与社会实际需求相脱离、封闭化培养模式与社会工作专业人才培养目标之间存在较大差异等问题（魏玉东 等，2020）。我国内地社会工作教育呈现表象繁荣但本质危机的状态，这种危机看似源于社会工作职业发展的困境，但实际上是来自过度强调传统社会工作与专业社会工作等认知上的误区。1998年全国高等院校扩招之后，社会工作教育迅猛发展，与社会工作实践脱节，其快速发展是国家教育政策的副产品（徐道稳，2008）。先行培养人才，一方面会积极推动社会工作专业发展；另一方面在各项条件尚未配套的情况下，高校社会工作专业教育的目标与职业场域的需求存在差距：人才培养目标的定位不清晰、未形成本土的专业价值理念、未设置科学系统的课程体系、专业实践教学不成熟、专业教师缺乏专业的教育背景和实践经历。这些情况导致社会工作专业的学生专业能力与职业能力不足，很难满足社会工作职业发展的需要（廖鸿冰，2016），进而产生难以满足社会需求等方面的问题（吴择 等，2009）。

—— 小结 ——

从社会工作政策的发展来看，社会工作发展的环境给社会工作者带来诸多发展机遇和空间，但从社会工作者职业生存的环境来看，需要社会工作者进一步增强其职业能力和学会扮演多元角色。然而，高校的社会工作专业教育的目标和职业能力的培养与职业场域的需求存在差距。社会工作者在职业发展的过程中会遇到哪些困境？在已有的文献研究中，讨论嵌入性社会工作发展的特点以及政社关系的较多，但研究嵌入性社会工作发展背景下社会工作者生存困境的并不多见。从全国社会工作职业发展的脉络中可以看到，A 市算是一个起步较早、具备相对完善的专业政策和制度背景条件的社会工作实施的城市场域。然而，正因为起步较早，A 市社会工作行业的发展一路都是在摸索中进行，“摸着石头过河”总会遇到各种发展瓶颈。作为社会工作职业人的社会工作者在被行业环境影响的同时，也影响着整个行业环境。研究者无论是回顾曾经担任一线社会工作者时的经历，还是后来以学者身份与实务界社会工作者互动，都会深切地体悟到社会工作者在与职业栖息地中的相关利益主体互动时扮演着多元角色。而社会工作者在扮演多元角色时，会遇到诸多不利的因素阻碍其专业角色发展，承受诸多角色压力。

社会工作职场环境是一个现有的相关利益者共同参与并且相互影响而构成的复杂体。关于社会工作的一般性陈述及其理论，必须能够表达一个理解——一个关于建构如何发生的理解。在社会背景脉络里和现实的互动中，社会建构才得以发生（Payne，1999；派恩，2008）。社会工作者的角色是如何在个人建构与社会建构之间互动形成的？这要在社会工作者职业生存的社会背景脉络里和现实中加以考察。生态视角的社会工作把人与环境之间的转换作为理论考察的聚焦点，理论中既包括个人对环境适应的考察，也包括环境对个人成长支持的分析，是一种同时关注个人和环境改变的双重视角（Germain，1979）。生活模式基于此框架既关注个人与环境之间的动态链接和转换，又包括困境中的具体应对机制，如压力的来源、压力的形成以及因应方式（Gitterman et al.，2008）。因此，本研究将在此理论框架下，以期深度理解现有的社会工作发展过程中，社会工作者与环境的动态链接和转换，形塑的角色压力困境、来源以及因应方式。社会工作者职业发展背景脉络图为本研究的背景，详见图 1-1。

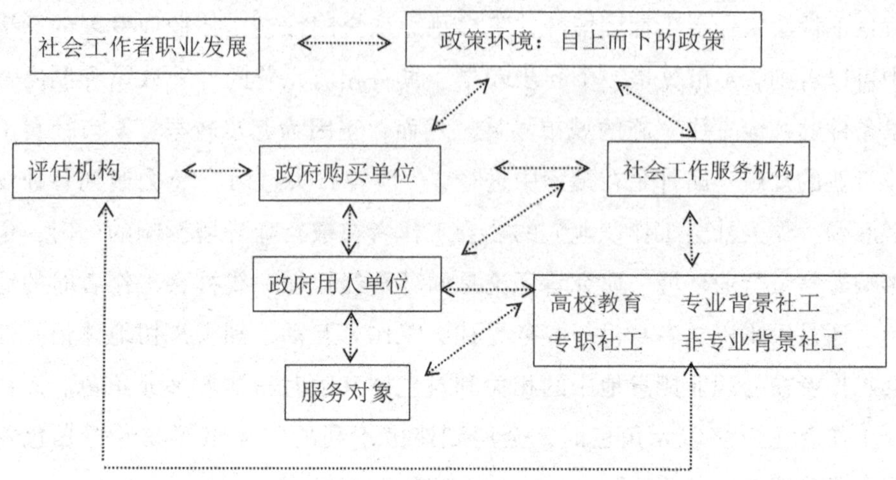

图 1-1　社会工作者职业发展背景脉络图

资料来源：笔者绘制。

第三节　研究问题及研究目的

一、研究问题

基于上两节中论述的研究缘起及问题意识，以 A 市政府购买社会工作服务为背景，研究者以生态系统理论为视角，总结并形成以下研究问题。

（一）在政府购买社会工作服务背景下，A 市社会工作者认为在不同职业发展阶段的职业角色有哪些？

（二）在形塑职业角色的过程中，社会工作者要面对哪些类型的职业角色压力，具体表现是什么？

（三）面对职业角色压力时，社会工作者是如何因应的，影响社会工作者因应角色压力的要素有哪些？

二、研究目的

本研究以政府购买社会工作服务为背景，以生态系统理论为探究视角，揭示社会工作者眼中的职业角色、角色压力类型与表现及因应角色压力的模式，以达到以下研究目的。

（一）通过探究当前我国内地社会工作者角色以及角色压力状况，以期了解社会工作者职业生存环境。

（二）探究社会工作者的角色压力与因应模式，了解高校社会工作专业教育目标与职业场域需求之间的差距，政策制定与政策落实之间的差距。

（三）为政府购买社会工作服务的相关政策和制度、政府购买方对社会工作者的管理、社会工作者培育制度、督导支援系统、社会工作服务机构组织管理对于社会工作者的支援等方面的完善提供一些参考经验。

（四）丰富生态系统理论在本土社会工作关于社会工作者主体研究的检验与补充。借助探究社会工作者角色压力与因应模式以检视相关研究的理论与完善理论之间的对话。

第四节 核心概念

一、政府购买社会工作服务

政府购买社会工作服务是指通过发挥市场机制作用，把政府直接提供的一部分公共服务事项以及政府履职所需服务事项，按照一定的方式和程序，交由具备条件的社会力量和事业单位承担，并由政府根据合同约定向其支付费用（中国政府采购网，2015）。本研究中，这一概念是指 A 市的市、镇两级政府通过公开招标、采购的形式，把原本属于政府直接提供的公共服务，交由具有专业水平的民间社会工作服务机构承担，由 A 市相关政府部门与社会工作服务机构签订购买合同并向社会工作服务机构支付购买服务费用。社会工作服务机构中标后，派遣专业的社会工作者到体制内相关部门及其所属单位提供岗位或项目服务。社会工作服务购买的形式主要为岗位购买和项目购买。其中，社会工作服务项目购买包括两类：一类是单个社会工作服务项目，政府鼓励民办社会工作服务机构设计并申报社会工作服务项目，为特殊社群或者区域社群提供专业服务；另一类是综合社会工作服务项目，现时主要是社区综合服务。

二、社会工作者

社会工作者也称专业社会工作者，特指社会工作专业毕业或通过社会工作资格考试，从事社会工作一线服务的工作人员（杨发祥 等，2016）。本研究中的社会工作者是指现在或曾经任职于 A 市社会工作服务机构并提供或提供过直接服务的工作人员。

三、角色压力

角色压力是指在一定的组织环境或社会环境中，因为存在某些不利的因素干扰角色执行的过程，导致个人陷入无所适从的困境。本研究中的此概念是指社会工作者在职业发展过程中认为自己不能适切地完成角色期待时产生的一种压力。角色模糊、角色冲突和角色超载是个体角色压力的主要来源。

四、因应

综合国内外学者对于因应的定义，本研究中将因应（coping）定义为人们对于压力的反应，是面对压力事件或具有一定威胁的事件时，个体在认知面向、情绪面向、行为面向努力排除压力的行为过程。因为个人与环境是双向互动的，因此，个体因应角色压力的过程是一个具有动态特征的过程。

第二章

文献探讨

社会工作者的角色压力不能仅从个体建构的角度来理解。社会工作者在目前的社会工作发展体制内与用人单位、社会工作协会、社会工作服务机构、工作团队等利益相关人的互动，均会影响其角色功能的发挥。换句话说，社会工作者面对角色压力的挑战与应对的过程，不仅与社会工作者个人相关，还取决于与他/她互动的主要利益相关人的认知、态度、行为，以及这些系统是否有联结，联结的本质为何。因此，本章对文献的整理包含社会工作者角色相关研究、因应的相关研究，并从角色理论、生态系统理论、因应理论的角度，将社会工作者角色压力问题纳入政府购买社会工作服务的嵌入式发展的脉络中，以作为理解社会工作者角色压力问题的脉络框架。

第一节 A 市社会工作发展与特色

一、A 市社会工作发展阶段与特色

政府购买社会服务是珠三角地区社会服务社会化的一种主要实现形式，不仅是政府转变职能、实行服务型治理的重要体现，更是一项社会治理机制的创新（廖鸿冰 等，2021）。A 市作为珠三角地区经济与社会发展较快的城市之一——其政府于 2007 年即提出政府购买社会工作服务，加快制定社会工作服务发展的政策与制度——成为广东省地级市中探索和建立现代专业社会工作发展模式的先行市。2008 年以来，A 市社会工作在各项政策与制度的引领下取得了快速发展。纵观 A 市社会工作十余年的本土化发展，可将其经历分为四个时期：“以邻为师” 探索期、项目多元扩展期、重绩效稳步发展期、动荡迷茫期。

（一）“以邻为师”探索期（2009—2010 年）

A 市凭借对中国香港、深圳经验的效仿推动社会工作职业发展。A 市效仿深圳的顶层设计，先后制定及出台了《中共 A 市委 A 市人民政府关于加快社会工作发展的意见》《A 市购买社会工作服务实施办法（试行）》《A 市政府购买社会工作服务考核评估实施办法（试行）》等政策，使各项社会工作有章可循（朱增，2012）。政府通过购买中国香港督导服务引领社会工作服务的本土化发展。这一时期，最初的本地社会工作服务机构，例如 A 市大众社会工作服务中心、A 市鹏星社会工作服务社、A 市正阳社会工作服务中心、A 市普惠社会工作服务中心等 7 家机构应运而生；试点的社会工作岗位陆续设置；来自全国各高校社会工作专业毕业的高素质本科人才会聚 A 市。基础的顶层设计、民间社会工作服务机构的成立、试点领域岗位的建立，共同构建了 A 市社会工作职业的新兴发展时期。在此背景下，政府购买社会工作服务机构的专业服务，社会工作服务机构根据中标情况聘用专业社会工作者，再将社会工作者派驻到政府相关部门提供社会工作专业服务。与占主导地位的政府行政体系的框架不同，专业社会工作者起初进入与参与社会服务领域的过程是一个嵌入发展的过程（王思斌 等，2009）。此阶段，社会工作者面临两种职业境况。一种境况是，用人单位在购买社会工作服务后，不了解社会工作是什么，社会工作者能做什么，更不知道如何合理地使用社会工作者，于是把社会工作者放在科室做行政工作，造成社会工作者的“行政化”（彭桂芳，2015）；另一种境况是，若用人单位放任不管，社会工作者则会面临自由探索专业服务的情境。

（二）项目多元扩展期（2011—2015 年）

按照《中共 A 市委、A 市人民政府关于加快社会工作发展的意见》规划，2011 年至 2012 年，A 市全面发展社会工作，全面开发设置社会工作的岗位。2013 年至 2014 年，需要在岗位服务购买全面铺开的基础上，进行项目开发。也就是说，这一时期在前期政府购买岗位试点的基础上，进一步推动社会工作岗位购买的全市覆盖。与此同时，政府开始尝试以项目购买的方式购买社会工作服务。以政府推动创新社区治理为背景，以政府与社会组织联动开发和设计项目为推手推进社会工作的发展。社会工作项目呈现多元化且数量激增的势态。很多机构已经树立品牌意识，依据机构的自身优势，打造出自主的服务品牌。如鹏星的家园行动——A 市反家暴社工援助计划、隔坑社区服务中心的自筹项目助学计划、展能社会工作服务中心的 A 市人民医院病人资源中心服务项目等。这些项目通过前期的需求调研，精准对接服务对象的需求，系统设计专业服务的内容，充分整合社会各界的资源，取得了良好的服务成效，项目的延续性也得到了重要保障。这一时期，由于岗位和项目数量的激增，社会工作服务机构出现招聘难的现象。因此，很多社会工作服务机构降低了社会工作者从业的资质标准，导致社会工作从业人员素质的整体下降。政府购买竞标的变化或社会工作新岗位及项目的发展需要，导致社会工作者服务领域或岗位频繁调整，待岗、换岗的现象频频出现。

在快速发展的过程中，无论是岗位还是项目，在嵌入政府和事业单位等相关部门（服务使用单位）的过程中，社会组织越来越面临自主性缺失的挑战（赵一红，2012）；社会工作者为迎合用人单位政绩的需要，要不断适应新环境，逐渐感受到来自科层制的压力。此外，在这种嵌入性发展的背景下，政府的行政色彩施加于社会工作服务机构和社会工作者之中，出现社会工作者受机构和政府多重领导等问题（吴甘霖，2013）。

（三）重绩效稳步发展期（2016—2019 年）

随着重绩效阶段的来临，社会工作呈现稳步发展的特征。项目多元扩展期发展到一定阶段，出资方开始产生质疑，陆续提出“出资购买的专业服务到底有何成效”“服务成效明显吗”“政府要如何向社会大众交代这些服务成效”“服务值得继续购买吗”等问题。因此，为掌握社会工作的服务成效，了解各类社会工作服务的发展与专业水平，A 市民政局每年都会委托协助厂商组织独立评估机构对社会工作服务进行评估（刘建，2018）。

在这一时期，因为A市政府购买社会工作服务的类型较多元，所以存在不同类型的社会工作评估项目。A市社会工作的评估项目大致可分为对社会工作服务机构的评估、对社会工作服务岗位的评估及对社会工作服务项目的评估三大类，它们有各自的评估指标，适用于不同的政府购买服务体系（刘建，2018）。评估的主体与内容逐渐多元化，评估的频次也逐渐增多。不同的评估主体对评估的要求存在差异。因此，社会工作者开始接受问责，除了满足用人单位和社会工作服务机构行政化的工作要求、服务对象的服务需求，还要回应不同评估主体的评估要求。

（四）动荡迷茫期（2020年至今）

此时期的社会工作行业面临着迷茫困顿，主要有以下两种表现：第一，政府直聘社会工作服务兴起，与政府购买民间社会工作服务机构的服务并存。2019年，广东省民政厅在全省推行“广东省双百工程”，A市被列为重点全面铺开此制度的城市，A市随之制订并落实《A市兜底民生服务社会工作双百工程实施方案》。至此，政府购买社会工作的服务打破了仅仅从民办社会工作服务机构购买的模式，政府直聘社会工作服务的模式应运而生。由于政府年度购买社会工作服务的预算有限并且额定了标准，因此，民政局缩减了现有的购买社会工作服务机构的服务，进行了岗位或项目规模调整。第二，为更好地进行社会工作专业人员的职级管理，提升社会工作人才的购买费用标准，A市出台了《关于加强社会工作专业岗位开发与人才激励保障实施办法》。其中，针对社会工作岗位转项目、社会工作人才职级评定等作出具体规定。至此，岗位转项目在A市各镇、街陆续落实，社会工作人才职级评定也逐步试行及推广。在岗位转项目购买形式发生变化的过程中，社会工作者可能迎来增加薪资的喜讯，但同时面临两种人事风险。第一种人事风险：社会工作者可能面临下岗的困境。岗位转项目的过程中，若镇、街财政预算有固定额度，转为项目的成本高于岗位购买费用，可能要执行社会工作人事的优胜劣汰制度，有些社工面临下岗再就业的难题。第二种人事风险：社会工作人才职级评定按照职级分层要求，目前分为助理社会工作师、社会工作师、高级社会工作师。不同的社会工作职级评定资质及薪资不同。虽然有涨薪的可能，但是由于打破了先前薪资仅按照社会工作助理及助理社会工作师两级发放的标准，社会工作者的薪资有可能面临下降的风险。

总体来说，2009 年以来，A 市在社会工作发展的制度建设、人才队伍培育、社会工作服务机构的建立等面向都为 A 市社会工作职业发展打下了一定基础，取得了成效并获得民政部、省民政厅的高度认可，为我国内地社会工作行业的发展提供了较为宝贵的参考模板。但在发展中呈现出几个特点：第一，政府制定行业发展制度，形成行业发展的制度框架，社会工作在其中获得机遇得以迅速发展，但因为社会工作服务机构的资金来源完全依赖于政府，这极大地削弱了社会工作服务机构的自主发展，使社会工作服务机构过分依赖于政府的资源（林雯雯 等，2014）。第二，“试点—快速推进—稳步”发展策略的推进，无论是从社会工作服务机构的数量来看，还是从社会工作专业人才队伍的发展梯度来看，A 市一直在推动社会工作的发展，只是在行业的不同发展阶段会呈现不同的推动速度。

二、“嵌入性”发展内涵及其对社会工作影响的呈现

（一）“嵌入性”发展内涵

“嵌入性”概念最早由 Polanyi 提出，Polanyi（1992）认为，人类经济嵌入并缠结于经济与非经济的制度之中。“嵌入性”概念曾一度成为经济社会学研究热点，学者从不同视角进行了研究。社会学专家王思斌将“嵌入性”概念引入我国内地社会工作本土化发展的特征描述中。王思斌等（2009）从我国内地社会工作发展脉络中分析社会结构与本土社会工作发展的张力以及社会工作从属的社会地位，借鉴“嵌入性”概念提出我国内地专业社会工作的嵌入性发展理论，深入地分析了由西方舶来的专业社会工作与我国内地社会工作的发展关系，并提出了嵌入性社会工作理论。而后，徐永祥（2009）认为，“嵌入性”概念是指社会工作者在主观意识和

行动上要自觉纳入受助对象的关系网络之中，争取最大限度地获得受助对象的理解和支持。熊跃根（2003）从社会工作与宏观体制之间的关系视角，提出“制度嵌入”的路径。从我国内地社会工作实务的发展视角出发，学者张昱（2012）指出社会工作实务过程中是如何产生“增量嵌入”的，即社会工作实务并不是规模地、系统地产生于专业部门，而是产生于政府的相关部门。周沛（2011）则从学理和实务层面分别提出如何嵌入。

（二）嵌入性发展模式下社会工作面临的相关问题

我国内地政府是社会工作发展的主体。因此，由西方舶来的专业社会工作在我国内地实际的社会服务领域要得到发展，需要经历一段嵌入的过程（王思斌，2011）。A市的社会工作模式即是在社会工作嵌入性发展背景下发生的“政府主导、民间承接与运作”的模式。在此种模式下，由于资源配置、社会支援等方面受到制度环境的影响（赵琼，2016），社会工作者进入政府体制内，原主体的结构仍然保持不改变，其边界不会消失。从嵌入的逻辑来看，嵌入不仅需要遵循双向的理性选择逻辑，还要考虑双边关系。换句话说，社会工作者会遭遇既有权力主体的反向嵌入。社会工作作为整体进入相应的服务体系，自然而然地会受到所进入系统的怀疑、阻碍、排斥（徐选国，2019）。因此，社会工作者在实际的工作情境中，面对服务购买方、社会工作服务机构、社会工作评估方以及其他相关利益群体，不得不为了职业生存，接受各方的角色要求和管理，以及花费大量的时间和精力维护和协调各方关系。徐永祥（2009）认为，“嵌入式”发展要求社工在主观认知与行动上非常自觉地进入受助服务对象的互动关系网络中，最大限度地争取与获得受助服务对象的理解和支持。然而在实际的发展境遇中，社会工作者处理的更多的是与非受助服务对象的利益相关者的关系。在嵌入政府和事业单位等相关部门（服务使用单位）的过程中，社会工作者要适应环境，就有可能感受到来自科层制的压力。在这种嵌入式发展的背景下，政府的行政色彩施加在社会工作服务机构和社会工作者之上，社会工作者也面临受机构和政府的多重领导等问题（吴甘霖，

2013）。由此，在政府购买社会工作服务的背景下，社会组织面临自主性缺失的挑战（赵一红，2012），长期面对自主性缺失的状况，以专业特征、专业服务为优势的社会工作权力会让位于行政权力，从而产生服务行政化；社会组织与社会工作互动时，可能秉持自身的专业情结、忽视在地化的非正式权力关系而出现专业内部治理官僚化。专业社会工作本身在服务社会、增进社会福祉的同时，不断生产知识、促进专业发展，但由于其服务朝向行政化、治理朝向官僚化，使得专业自身并非自主发展，而是在体制旋涡之中出现建制化趋势（朱健刚 等，2013）。从社会工作者进入实务场域开始，这种嵌入式的发展，一方面为社会工作的发展提供了专业地理空间和资金支援，另一方面也为社会工作的发展带来了阻碍。这种自上而下的嵌入式社会工作发展路径，让社会工作专业服务在我国东部沿海城市快速展开，但将社会工作强硬地嵌入我国社会有机体中，导致形成了一些文化困境与实务困境，如“个体独立性”与“集体主义”价值观的差异、“人情文化”与“公正平等”之间的矛盾等（宋言奇 等，2016）。社会工作者会频频陷入这种文化困境与实务困境，他们是否有能力辨别和应对？

小结

尽管学者在探讨政社关系时，会提及协同式发展和融合式发展的现状或展望，但社会工作的嵌入性发展模式仍然是目前我国各级政府购买社会工作服务的主要模式。A 市是我国内地社会工作发展较为前沿的城市之一，社会工作发展时间较早、规模较大、覆盖面较广。从社会工作发展背景、专业服务购买模式、发展脉络来看，都能够作为我国内地社会工作的样本代表。在嵌入性发展背景下，政府购买社会工作服务有时不会考量受助群体的实际需要，而是为相关部门购买一定数量的社会工作服务，向受助群体提供。自上而下的发展路径，使政府拥有绝对的控制权，社会工作服务机构与社会工作者完全依赖于政府的资源。在这样的专业发展场域中，专业社会工作者要面临什么样的压力？文献中，学者对于社会工作嵌入性发展问题进行了广泛的讨论，但总体来说，在此背景下涉及社会工作者自身压力和困境的讨论并不多见。社会工作者作为被购买单位即社会工作服务机构的专业人才，被派驻到政府购买单位或用人单位输送专业服务。社会工作专业的发展离不开这些专业的人才，然而在社会工作迅速发展的过程中，社会工作者人才流失的问题受到学术界和社会工作实务界的关注。社会工作者在与嵌入式发展的社会工作场域互动的过程中扮演着什么样的角色？遇到哪些角色的挑战？这些挑战会受到什么因素的影响？探讨这些问题将对社会工作的向好发展有所助益。因此，本研究尝试以广东省 A 市为例，在社会工作嵌入性发展的脉络下探讨社会工作者的角色压力与因应的问题。

第二节　社会工作者角色压力与因应

一、角色相关概念讨论

角色（role）最初由拉丁语 rotula 派生而来，此概念是 20 世纪 20 年代社会学家齐美尔在其著作《论表演哲学》中提出的（乐国安，2013）。角色的原意指的是在舞台上按照剧本的要求，演员们对某些人物进行扮演的过程。后来，人们认为现实中的生活场景与戏剧舞台的演绎有着很多联系，戏剧舞台的场景可以被看作人生真实生活场景的缩影。莎士比亚在其剧作《皆大欢喜》中写道："全世界是一个舞台，所有的男女不过是一些演员；他们都有下场的时候，也都有上场的时候，一个人一生中扮演着好几个角色。"（孙大雨译，2006）真实的社会情境与这一比喻确有很多较为相像之处，每个社会人都会拥有某种地位（position）、享有某种身份（status），就如同舞台中的每位演员都会扮演某种角色一般；每个个体在社会中的所言所行均会随着其身份与地位的不同呈现不同的行为规范；每个个体的行为是否适当或有效，取决于每个个体能否清晰地了解自己的身份以及地位，或者对自己的角色是否有积极实践，就像舞台上的演员若能充分对剧本进行了解，并且能够全身心投入表演，演出才能够成功（郭为藩，1971）。

Mead 和 Linton 最早将角色引入社会心理学领域进行研究（乐国安，2013）。之后，学者们陆续将角色及相关概念运用到人类学、社会学、教育学等不同学科领域。不同学科从不同的角度极大地推动了角色理论的发展。但迄今为止，关于“角色”一词的定义尚存在分歧，并没有统一的看法。Levy 在《社会结构》一书中指出，“角色是由特定的社会结构来分化的社会地位”（金盛华，2005）。同样，Newcomb 认为，“角色是指个体作为一个具有社会地位的人所发出的适当行为”（金盛华，2005）。林顿认为，“角色是一个动力的体现，是在社会中占据一定地位的个体与其他地位的人互动的表现”（乐国安，2013）。李长贵（1973）把角色定义为“个体发出的社会行为，包括行为规范、自我如何认知世界、自我的社会责任与义务等”。安德列耶娃（1987）认为，角色是一个期待系统，社会中具有一定地位的个体与其他个体互动的一种特殊的外显行为方式。

综观以上角色的相关概念和观点，角色的定义包含结构角色理论视角下的定义以及过程角色理论视角下的定义。在结构角色理论中，社会结构是决定角色形成的重要因素，个体在社会相互联系的网络中扮演各自的角色，个体听从权威者的命令，按照权威者对角色的期望来扮演，故而着重于探讨个人如何将期待内化成行为，以及个人将自己与他人的期待相互比较等（林东龙 等，1998）。因此，结构角色理论从动态的视角理解角色是身份（status），主要聚焦于研究社会中个体的行为表现是如何通过角色期望外化的，其中的角色期望与外化的行为表现是否会产生冲突。而过程角色理论认为，角色是通过人们之间的互动逐渐形成的，人们以社会的一致性来评价社会行为，而不是以社会规范以及地位来评价，并在角色扮演的过程中逐渐调适、确认人们彼此互动的角色（叶至诚，2006）。

角色理论在不同领域得到研究，其内容纷繁复杂。但总体来说，这些角色理论都围绕着相近的内涵进行延展，即强调角色扮演过程中主动的行为是在特定社会情境之下的外在表现，而且表现的过程形塑着角色扮演者发出的行为。同时，角色扮演者所表现出来的自身行为也影响着他人行动的过程。这种从“结构—过程”出发的逻辑视角为研究社会行动个体与社会、社会结构与行动、社会互动与认知之间的关系提供了分析基础。对于角色的分析是动态而非静态的。布鲁默（Herbert Blumer）提出“符号互动论”，该理论指出社会主体通过社会的各种符号实现他们之间的互动，同时又对他人发出的相关符号进行确认和判断，之后通过角色的扮演来建立彼此的社会互动关系。角色扮演总是伴随着一定的行为模式，这种模式既包括人们对特定社会地位上个体行为的期待，也包含行动主体对角色的具体认知和行动主体的角色实践，即角色期待—角色认知—角色实践三阶段（见图 2-1）。其中，角色期待包含角色的权利、义务与行为模式，行动者的角色要求与其特定的社会定位保持一致，因此，也包含来自特定社会情境的他人期待。而后，按照角色期待，行动主体实施期待中的行为进一步来认知自己所扮演的角色，即角色认知。随之，行动主体结合社会对角色期待与自身对角色的认知去实践角色，即角色实践。在此过程中，角色扮演是一个持续的动态过程，扮演过程并不一定按照三阶段进行，社会对角色的期待、行动主体对角色的认知与角色的实践可能会伴随社会环境的变迁而发生改变。

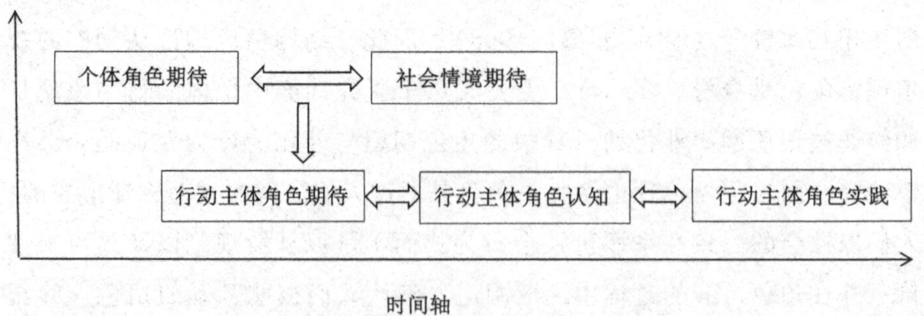

图 2-1 “结构—过程”角色理论视角

资料来源：研究者整理。

— 小 结 —

从研究的文献中得知，职业角色的形成有可能是个人进入某一职业角色后，随着所处职业环境的社会化，逐步理解角色的权利义务，并发展出一套个人的角色行为，即结构角色理论观点；也可能是个人在职场中，与他人不断互动建构出的职业角色，即过程角色理论观点。从社会工作职业的新兴特点来看，社会工作者的职业角色并没有本土科学的角色规范作为指引，社会工作者应该扮演什么角色是在理论层面的认知，或者称理想的职业角色。因此，社会工作者在职场中究竟在扮演着哪些角色，理应是社会工作者在职场中在与他人的互动过程中逐渐建构出的结果。“结构—过程”角色理论视角为本研究在探究本土社会工作者扮演哪些职业角色方面提供了理论框架。

二、社会工作者角色内涵研究

在西方宏观社会工作实务发展过程中，社会工作者在确定和处理组织与社区状况、问题和需要的工作情境中，扮演改变代理人、组织者、倡导者等角色（Brueggemann，2013）。Zastrow（2003）认为，特定角色的确定应以特定情境下最优效果为标准，社会工作者应扮演的角色主要有使能者、经纪人、倡导者、赋权者、活动者、调停者、谈判者、教育者、发起者、资源策动者、研究者、团体促进者、公共发言人。Baker（1976）指出，社会工作人员角色组包括直接服务的角色、间接服务的角色以及合并服务的角色，其中直接服务的角色有支持者、指导者、治疗者、管理者及沟通者 5 种，间接服务的角色包括行政者、研究者、咨询者及决策影响者 4 种，合并服务的角色包含教育者、协商者、促成者、资源媒体、经纪人、触媒者、倡导者、协调者及仲裁者 9 种。Bechett（2013）指出，社会工作的多种角色分为倡导者的角色（advocacy roles）、直接改变代理者的角色（direct change agent roles）和执行者的角色（executive roles）。

林万亿（2015）指出，社会工作者针对个人、团体、家庭、组织进行工作，其所扮演的角色不是单一的，而是多样的，也就是说社会工作者必须同时扮演多个角色，而角色扮演的选择取决于环境与目标。社会工作者的角色由完成社会工作目标所需的行为与期待组成，这个组成的角色表现在社会对社会工作的期待以及社会工作者本身的知识、技能、伦理道德。我国内地学者对社会工作者角色的研究主要按照功能性与实务性两个研究思路展开。其中，功能性研究思路是从社会工作者在我国内地现有的社会结构的位置与对社会发挥的主要功能出发，分析社会工作在社会变迁与社会发展过程中的影响（王笑，2014）。王思斌（2006）指出，“社会工作是一个复杂的助人的过程，这个过程是由社会工作者与受助的服务对象互动合作来完成的”，在互动合作的过程中，社会工作者功能的发挥确定了社会工作者作为服务提供者、支持者等。张本效（2010）则以社会工作者在城镇化过程中的角色定位和行为方式作为研究内容，研究指出，社会工作者要“将角色定位嫁接到城镇化工作领域……创造性建构角色内容”。而实务性研究思路是以社会工作者所从事的专业服务领域为出发点，强调社会工作者在实务领域所扮演的具体角色是什么。王卫平等（2010）研究指出，在医务社会工作领域，协调医患关系中社会工作者扮演咨询者、促进者、经纪人、倡导者等专业角色。钟莲香等（2019）在院舍老年人服务的社会工作者角色研究中指出，社会工作者充当服务需求的评估者，个人照顾计划的制订者、实施者、沟通者以及管理者、协调者及代言人。

综上所述，不论是从功能性还是从实务性角度探讨社会工作者角色，都指出了社会工作者角色的功能以及角色的多重性和复杂性。

三、社会工作者的角色压力与因应之讨论

尽管从上述文献内容来看，学者试图在我国内地社会工作本土化的过程中探讨社会工作者的角色是什么，回答诸如“我究竟是谁”“我应该做什么”等问题，但社会工作者对于上述问题依然困惑。归根结底，应回归于社会工作者扮演角色过程中遇到的角色问题。

Kim 和 Stoner（2010）研究指出，作为一种助人职业，社会工作服务机构给社会工作者施加了特定的压力，这种压力是工作中固有的，基于社会工作者与服务对象的互动。除了应对与服务对象相关的压力，社会工作者还需要满足由机构定义的相关具体标准，这些标准通常会影响到供资安排和更广泛的政策措施制定。当各组织对各种供资和政策机构的问责标准作出更积极的反应时，一线社会工作者为了满足相关具体标准，往往会变得困惑和疲倦。因此，一线社会工作者容易受到更高水平的工作压力的影响。当社会工作者感知到高水平的角色相关的压力时，他们更有可能感到职业倦怠。这种与角色相关的压力表现为高角色冲突、角色模糊和角色超载（Söderfeldt et al.，1995）。

我国内地的福利模式、社会结构、政府体制、本地文化脉络与西方不同，社会工作的本土化发展是一个自上而下的过程。社会工作者在现有的社会工作职业背景下会产生哪些角色压力？学者王笑（2014）指出，“在我国内地文化背景下，社会工作专业职能、身份均未被明晰定义，造成了社会工作者角色模糊；在嵌入性发展的体制内，用人单位对社会工作者的角色有不同的要求，从而产生角色冲突；而当对社会工作者角色要求的压力过大、社会工作者产生能力不足时，就会感觉到角色超载”。

（一）角色压力相关概念

角色压力的概念来源于 Kahn 等（1964），Kahn 认为，当个体在工作生活中无法学习或了解到相关的权利和义务、无法很好地表现自己的角色时，就会产生角色压力。从角色理论角度来看，员工若扮演面向客户对象的角色，他们将因为与客户对象有着边界关系进而经历角色压力（Kahn et al.，1992）。当个人与工作相关的角色经历冲突、模棱两可或超负荷时，就会出现职业角色压力（Travis et al.，2016）。从社会结构的观点来看，当个体能够适应组织的规范和要求并按照组织的规范和要求行事时，即产生角色适应；反之，若个体不能适应组织的规范和要求，便会出现阻碍角色行为的不利因素，角色压力就会产生。角色压力即由一些外在的因素而导致个体内部失衡，产生内部的非稳定性，阻碍个体在社会结构中实施适当的角色行为，反而表现出一种失衡状态（Hardy et al.，1988；Payne et al.，2005）。从个体对期望理解的程度来看，当个体在工作中出现角色期望不清楚或工作表现不能满足其角色期望时，角色压力就会产生。换句话说，个体因角色接受者对角色传递者所传递的规范、期望的理解出现不一致或不确定所产生的不适感即为角色压力（楚展，2015；顾盼，2007）。

（二）角色压力类型与因应

按照角色压力的类型，学术界曾有三种划分的方式。第一种是 Kahn 于 1964 年提出的，他将角色压力划分为角色冲突、角色模糊和角色超载；第二种是 Hardy 与 Conway 于 1988 年进行的划分，他们将角色压力细分为角色模糊、角色冲突、角色过度超载、角色不一致、角色能力不足或过度 5 种类型；第三种是 Van Sell 等在 1984 年根据角色压力内涵将角色压力分为角色模糊和角色冲突。对这三种划分方式，研究者更倾向于 Kahn 的划分方式。本研究依据 Kahn 的划分方式，将角色压力分为角色冲突、角色模糊和角色超载。

1. 角色冲突

角色冲突（role conflict）是当一个人所处的状态和角色同时包含需要完成的冲突或矛盾的期望时发生的境况（Edwards et al.，2002；Kahn et al.，1964）。也可以说，角色冲突是个体在进行角色扮演时所出现的心理以及行为上的不适应、不协调的状态（乐国安，2008）。国内外相关领域的学者对角色冲突作出定义，但对于角色冲突的定义无统一界定与分析。本研究基于《社会心理学》中的定义，同时参考其他学者的一些研究结论，将角色冲突分为两大类型：角色间冲突（inter-role or inter-position conflict）与角色内冲突（intra-role or intra-position conflict）（乐国安，2008）。角色间冲突是指当一个人面对各种不同的角色期待与矛盾要求时——同一个人面临不同的、相互矛盾的——角色要求。角色内冲突是指当一个人本身对自己的地位或角色期待与他人的期待产生冲突或矛盾时——当事者在同一个角色内——体会到的矛盾与冲突。角色内冲突还经常表现在领悟角色和规定角色与实践角色之间的冲突，或者说当个体在角色扮演时对角色行为的规定有不同的理解，但同时必须履行角色的责任与义务时，在角色内就会发生较为强烈的冲突（彭华民 等，2013）。

在我国内地，社会工作者身处政府购买服务的栖息地，其所面对的利益主体是多元的。这些利益主体包括政府（用人单位）、社会工作服务机构、服务对象、评估机构等。在政府层面，有部分政府期待社会工作者进入用人单位的系统，协助政府完成满足其绩效的工作任务，需要社会工作者不断地配合政府策划和执行“创新”型、“有影响力”的社会治理型服务，维护社会秩序；有部分政府期待社会工作者能补充政府人力，做好行政类工作即可。在社会工作服务机构、社会工作专业、服务对象层面，则要求社会工作者遵循专业的主旨，即维护社会公正，要以服务对象的利益至上进行专业服务。但当掌握主动权的出资方即政府，其利益与专业机构、专业以及服务对象的利益发生冲突时，社会工作者就经常处在不知道维护哪方利益的两难境地。目前，政府是购买社会工作服务的主体，是推动和支持社会工作发展的核心力量，这在社会工作专业身份、专业地位不明确的背景下，使得社会工作服务机构、社会工作者都陷入被动支配地位。朱健刚等（2013）研究发现，当专业社会工作者刚刚嵌入街区时，与原有的治理体系会产生极大的角力拉扯，街道会将权威渗透在互动之中，专业社会工作者也要为自身的专业自主性进行抗争，总体来说，产生了一种强政府、弱专业的权力不对等状态。服务购买单位或服务用人单位因社会治理需求出资购买社会工作服务，他们对社会工作者常常持有“要听命于我”的态度。行政权力的无限延伸，导致社会工作者过度参与行政工作以及挤压开展专业服务的现况。在评估单位层面，不同性质的评估单位会带着不同的目标对社会工作者进行评估。政府委托的评估单位是为了促进社会工作者完成政府要求的工作指标，这种指标通常与维护场地硬件、协助政府完成大型活动或项目的内容相关。评估机构对社会工作专业服务进行评估，以提升其专业服务水平，但评估指标设定过高，不符合目前本土职业发展情境。而社会工作服务机构的评估是为了提升本机构服务水平，考核社会工作者绩效。在不同的发展阶段，不同的利益主体呈现不同的评估指标，这为社会工作者带来角色冲突的挑战。在时间有限的情况下，社会工作者要满足谁的期待，应如何抉择工作内容，当这些指标与专业的价值观与自我的价值观发生冲突时又该如何选择。

2. 角色模糊

角色模糊（role ambiguity）主要是由于组织中缺乏对员工责任的范围界定、对角色期望的要求、对完成任务所需方法的界定以及完善的测评工作绩效的标准而导致的员工无法获得清晰的角色期待的状态（Kahn et al.，1964）。与角色冲突和角色超载相比，角色模糊是指缺乏角色期望，以及如何实现这些期望或角色绩效后果的明确信息（Churchill et al.，1976；Mobily et al.，1992）。换句话说，角色模糊是个体由于缺乏对行为结果的预测，而导致的无法获得清晰的角色期望的状态（Rizzo et al.，1970）。Fogarty 等（2000）认为，角色模糊是因角色发出者对角色接受者的角色期望不明确而令角色接受者产生的一种行为表现。学者林世昌（1987）提出，角色模糊主要是因为个体不知晓或不清晰他人对自己的角色期望是什么，不知道该如何作为而产生的一种状态。

综合国内外学者对角色模糊的定义，可以将角色模糊的定义总结为：因组织不能对个体的工作内容、范围和权责进行说明，工作任务复杂时组织并未给予指导或者角色发出者的角色期望模糊或组织测评绩效标准不明确，个体对自己的工作角色缺乏相应的了解，进而形成角色模糊。

目前，社会工作在我国内地尚属新兴的专业和行业，社会公众对这一新兴的事物还很陌生。即便 A 市发展社会工作已经十余年，各级政府以及社会大众对社会工作专业以及从业人员的认识仍然处于模糊阶段。从 A 市社会工作行业发展的制度上来看，在政策纲领上，对社会工作职业的职能信息与职业身份有明确表述，但在实际的社会工作职业发展过程中，由于政府购买背景下社会工作服务嵌入的本质以及社会工作发展的文化背景，社会工作的体系无法与原有的政府职能部门、事业单位以及文化体系很好地融合，政府仍不清楚社会工作专业的真正含义，也不太清楚购买社会工作服务后要让社会工作者做些什么。因此，政府按照各自对社会工作的理解来使用社会工作者，社会工作者经常被当作“全能”的替补角色服务于政府。而社会大众往往将社会工作者与志愿者、政府聘员、心理咨询师混淆。这种模糊的职业情境让社会工作者群体产生迷惘，经常会用不同的方式向不同的群体解释社会工作是什么。专业角色模糊不清、社会认同度低的现状，使得我国内地的社会工作者容易在建立专业身份或是适应本土化认知身份的问题上产生动摇（冷静静 等，2016）。同时，这种情境也常常会让社会工作者产生“我到底是谁”“做这份工作的意义究竟在哪里”等疑惑。

3. 角色超载

角色超载（role overload）是角色接受者无法在有限的时间内达到角色要求的心理和精神状态（Kahn et al.，1964），或者是完成某个任务时，由于角色超出了一个人的能力、知识和动机，角色接受者无法轻松胜任工作（Creary et al.，2016）。角色超载可以从质和量两方面来说明（Biddle，1986）。量的角色超载主要是指角色发出者给予角色接受者过多的期望和要求，以及超出角色接受者的能力范围，使得个体无法在被要求的时间内完成所应完成的任务。质的角色超载主要是指角色发出者给予角色接受者的期望和要求，超出角色接受者自身的能力范围，使之无法完成任务。综合国内外学者对于角色超载的定义可以看出，角色超载是个体在同一时间由于承担的责任过多或超出自身的能力范围，而产生的心理或身体上负面反应的状态。

在政府购买社会工作服务的背景下，社会工作者嵌入政府系统后，政府对于购买服务是否遵照契约，或会如何交付工作，会不会令社会工作者出现角色超载，导致力不从心。这种力不从心是怎样的形塑过程，受到哪些因素的影响？这些问题需要进一步探讨。

小结

从社会工作角色相关研究的结果可以看到，社会工作者的角色呈现多元化的特点。但在我国内地的社会工作角色研究结论中仅呈现了社会工作者的角色是什么，缺乏为什么会形塑出这些角色的分析过程。另外，社会工作专业是来自西方的舶来品，我国内地社会工作角色的呈现与西方已形塑出的角色有何不同？换句话说，我国内地的社会工作者角色在政府购买的嵌入性发展的背景下会呈现哪些不同的特色？在社会工作角色问题研究结论中，可看到少量研究聚焦在角色压力，并简单指出角色压力的分类。在探讨角色压力的形塑过程与影响因素时，大部分的研究广而言之地将其归因于我国内地的福利制度框架以及嵌入式发展背景。这显然缺乏对社会工作者生存的职业环境进行系统剖析的过程。在社会工作者的生存环境中，利益相关者是多元的，例如用人单位、社会工作协会、社会工作服务机构、工作团队等。这些系统与社会工作者的互动有所交织，呈现丰富多彩的特点，从任何层面单独去分析社会工作者的角色压力都是片面的。社会工作者对于角色压力的表现如何认知。角色压力的形塑过程及影响因素是什么。除了宏观层面因素的影响，社会工作者本身及职业环境中不同层面的因素起到什么样的作用。这些问题值得我们进一步探讨。

第三节 角色压力与因应理论

一、角色压力的相关理论

（一）角色压力形成的前因研究

回顾和梳理角色压力的相关文献可以发现，对角色压力的研究是角色理论研究里最为重要的研究（Schulze，2007；Koustelios et al.，2004；Morley et al.，2003）。关于角色压力形成的原因，研究者从个人特质影响、组织社会化影响、道德和法律困境影响、社会工作者的社会地位和自主权4个方面来探讨。

1. 个人特质影响

人格特质理论认为，个体间的特质差异是影响压力感知的重要因素。在人格特质研究中，与个体多样性寻求、探索性寻求等相关的一些个人特征，如个体年龄、职位、主动性、乐观性、工作经验等被认为是形成压力的个体因素。以往关于社会工作者角色压力的研究发现，角色压力的个人因素即年龄、性别、种族、任期与压力发生率之间没有显著关联（Balloch et al.，1998；Briggs et al.，2004）。而另外一些研究却有相反结论，发现年轻、女性和经验不足的社会工作者更有可能面临工作相关的压力（Horwitz，2006；Song，2005；Stalker et al.，2007；Wooten et al.，2011）。女性社会工作者比男性社会工作者更容易经历职业压力，因为她们面临着更多的工作与生活冲突（Triplett et al.，1999）。性格是影响个体感知角色压力的又一因素。Crosno 等（2009）研究发现，性格更乐观的员工会感受到更少的角色冲突与角色模糊。员工随着职位的上升，角色定位越来越清晰，所感受到的角色压力会降低，但如果员工在某一职位的任期过长，他有可能会产生更多的角色压力（Lambert et al.，2009）。不过，Wooten 等（2011）却在研究中发现，年长、经验丰富的社会工作者更有可能制定更好的应对策略和获取更多的资源，以减小职业压力的负面影响。同样，Kim 等（2009）在研究中发现，具有服务性质的员工的任职时长和年龄，这两个因素与该员工感知到的角色模糊和角色冲突负相关。社会工作服务领域的特殊经历也会造成社会工作者的角色压力。例如，Baird 和 Jenkins（2003）研究发现，具有更多创伤经历的反性侵犯和反家庭暴力的社会工作者具有更高水平的情绪衰竭和低个人成就，这与儿童福利工作者的调查结果相反。

2. 组织社会化影响

在对社会工作者角色压力的研究中，一些研究显示，影响社会工作者产生职业压力的常见组织因素包括繁重的工作量（Yamatani et al.，2009；DePanfilis et al.，2008）、低薪（Kadushin et al.，1995）、缺乏同事或主管的支持（Hopkins，2002；Barak et al.，2001；Um & Harrison，1998）、角色冲突或角色模糊（Kim et al.，2008；Barak et al.，2001）以及不安全的工作条件（Arnetz et al.，2001；Jayaratne et al.，1996；Song，2005；Vinokur-Kaplan，1991）。社会工作者和主管之间的关系、组织结构和工作环境也可能是工作场域中压力和倦怠产生的关键因素。组织社会化理论指出，员工在组织中的角色学习的活动会影响角色压力的感知。与领导和同事的关系以及组织对员工的社会支持等因素会使个体获得外部支援，有助于减少个体对角色压力的感知。工作的社会支援可能来自管理者或同事，它可以直接缓解角色压力和职业耗竭（Cohen et al.，1985；Mallett et al.，1991；Mor et al.，1984；Pierce et al.，1990），也可以缓解压力和耗竭之间的关系（Cohen et al.，1985；Koeske，1989）。Mukherjee 和 Malhotra（2006）也有同样的发现，他们在研究中指出，工作团队或群体的支援有利于员工对自己的角色有更加清晰的认识。社会支援在影响倦怠时将与工作环境的消极方面相互作用，即社会支援水平高的人，其工作角色压力应具有最小的影响；社会支援水平低的人，其倦怠程度高。另外，社会支援对精疲力竭有间接影响，因为它可以直接影响压力，当压力小了，精疲力竭的感觉也就少了（Dignam et al.，1986）。通过强调组织社会化实践可以间接促进新来员工的发展，以减少不确定性和角色冲突；机构的社会化策略对于新来员工处理与上级和同事的关系有重要的关联；新来员工和同事的关系与角色冲突呈现正相关，但与角色模糊呈现负相关；员工的组织社会化程度也与感知角色压力呈现负相关，这是因为有效的社会化不仅有助于明确工作相关的职责和规范，也有助于强化员工处理相冲突的角色期望的技能（Thomas et al.，2009）。从支援的成效方面来看，督导支持与沟通比同事支援更受经验关注（Littlechild，2005；Munson，2002；Snow，1994）。经历高水平督导支持的社会工作者不太可能考虑离开他们的工作，即使他们经历了高强度的工作压力。因此，督导支持和良好的监督已被确定为社会工作者在压力很大的情况下留在其组织里的关键因素（Mor Barak et al.，2006）。

除了社会工作者与主管、同事的关系的影响，社会工作者还必须满足机构定义的特定项目标准，这些标准通常受到资金安排和更广泛的政策措施的影响（Patti，2000）。当组织对各种资金和政策机构规定的问责标准更加敏感时，一线社会工作者往往会在努力满足特定项目标准时变得困惑和厌倦。因此，社会工作者容易承受更高强度的角色压力（Kim et al.，2008）。

3. 道德和法律困境影响

由于社会工作以服务对象为中心，并且在服务的过程中涉及一些复杂的情况（Hasenfeld，1983），因此，社会工作者在工作中更容易陷入专业与道德和法律相冲突的困境。对社会工作者来说，经常遇到这些冲突会影响干预的有效性和限制服务对象的自主权或自决权以及带来与生活质量相关的价值决定的挑战（Reamer，1985；Kadushin et al.，2001）。道德和法律困境可能导致社会工作者考虑在知情同意或保密与强制报告、组织程序和公共卫生政策之间作出选择；额外的道德决策可能涉及个人和职业价值冲突，涉及对自己或他人的风险、管理式医疗限制和人身安全（Wooten et al.，2011）。由于大多数社会服务组织与外部机构（包括资助者、合法化团体、合作者和竞争者）都有纵向或横向关系，因此社会工作者可能经常在政府法规、组织政策、机构的财政优先事项和服务对象的服务需求方面遇到道德压力（Kadushin et al.，2001；Ulrich et al.，2007）。随着组织结构的变化，其他人对社会工作者的角色期望相互矛盾，社会工作者似乎无法使用其所学的技能，其专业理念遭到破坏，并因此面临如何在改革和监管框架内更好地满足客户需求的道德困境。同时，社会工作者被期望以更少的自主权和资源来满足服务对象需求（Wooten et al.，2011）。

4. 社会工作者的社会地位和自主权

社会工作者的社会地位和自主权是影响社会工作者产生角色压力的宏观面向来源。以往的研究指出，社会工作本身的角色和任务以及如何证明专业服务的有效性存在社会面向的混淆（Rushton，1987）。此外，因为很多人经常将社会工作误解为出于友善，并且任何人都可以做的常识性事情（Dillon，1990），因此，包括协同共事的伙伴以及公众片面看待社会工作是社会工作者压力的来源（Collings et al.，1996；Gibson et al.，1989；Jones et al.，1991；Smith et al.，1998）。Reid 等（1999）研究发现，心理健康领域的社会工作者经常感到沮丧，因为其角色被他人误解，并且其他卫生服务人员既没有充分理解也没有充分重视他们的技能。同样，Kadushin 和 Kulys（1995）发现，社会工作者经历了相互冲突的角色期望，团队的其他成员不了解社会工作者的角色，也不欣赏他们所取得的成就。McLean 和 Andrew（2000）发现，社会工作者的压力来自角色冲突、对如何进行良好服务实践的分歧以及缺乏身份认可。社会工作者通常无法控制他人对其专业工作的重视程度（Dillon，1990）。这些事实对社会工作者的合法性和身份提出了挑战（Jones et al.，1993）。角色挑战加剧了社会工作者的倦怠和其对工作的不满（Um et al.，1998）。

（二）角色压力对个人及组织的影响

文献显示，员工的角色压力与个人身体和心理的健康、对工作满意的程度、组织的相关承诺以及离职意向、工作绩效都有相关性。Crosno（2009）发现，角色模糊和角色冲突会让员工感到情绪耗竭、去人格化和缺乏个人成就感。Jones 等（2007 ）指出，角色负荷会让员工产生负面的工作态度和行为。同时，角色超载与员工的离职意向呈正相关。Kim 等（2009）以某国酒店服务员工和管理者作为研究对象，得出角色冲突和角色模糊会负面影响工作满意度的结论。Mohr 和 Puck（2007）以某公司的 41 名管理者为研究对象，发现多发送者角色冲突会降低工作满意度。另外，角色压力与离职意向也相关。关于角色压力与工作绩效之间的关系，较多一致的研究结果聚焦在角色模糊会影响长期工作绩效这一面向，其中角色冲突与工作绩效二者的关系呈现正相关、负相关以及倒 U 形关系。在角色压力与员工组织公民行为方面，Örtqvist 和 Wincent（2010）运用资源保存理论研究角色压力，得出角色压力越大，工作满意度越低、职业倦怠感越高的结论。角色压力导致的结果则成为新一轮角色压力的来源，形成一种反向因果关系。而研究角色压力与工作绩效关系方面的结论显示，三种类型的角色压力与工作绩效的相关关系呈现不一致的现象。

小结

综合国内外角色压力及角色压力的前置因素和调节因素相关研究可以发现，其多是以量化、静态、横截面的视角研究角色压力产生的原因和压力产生的结果的关系。而现实中，员工进入职场后，从新人到资深员工的成长过程、扮演角色的变化过程、自身对职业角色的认知、对角色的相关实践，都在发生变化。同时，组织环境和社会环境及二者的互动也在发生变化。因此，角色压力是一个动态变化的建构过程。员工又该如何在这个动态的过程中认知角色压力，应对角色压力？现存的研究已不能探索更丰富的角色压力感知的经验及过程。

社会工作者身处政府购买社会工作服务背景下的嵌入性发展脉络中，要面对政府（用人单位）、社会工作服务机构、评估机构、服务对象这四大利益组织或群体的角色期待。在各方的期待下，社会工作者如何解读自身的职业角色，在与职场利益相关人员的互动过程中，产生了哪些角色压力，角色压力发生的逻辑是怎样的？

角色理论在探讨个人与他人的互动以及他人的期望和反应如何使个人以特有的方式作出回应方面，强调行为的认知与感觉因素，认为个人行为与思想都是在与他人的互动过程中不断揣摩与学习而来。角色理论对于社会工作专业而言，提供了一个社会行为分析的视角，说明个人的行为与环境之间直接或间接的关系，更为社会工作专业的“人在情境中”提供了一个理论和实务的支援系统（Deusch et al.，1965；转引自简春安 等，2008）。本研究运用角色理论，让人们能了解一个社会工作者在其“位置”时，面对政府（用人单位）、机构人员、服务对象等利益主体时的各种角色表现及其背后隐含的认知和觉知因素。同时，通过社会工作者感知到的角色压力，分析造成角色压力的各面向原因以及内部发生逻辑，探究社会工作者应对角色压力的关键性因素以及这些因素如何发挥作用。

二、生态视角——个人与环境交互作用的过程

生态视角在20世纪70年代兴起，是系统理论的分支。与过往的社会工作的理论有所不同，生态视角把人放回到熟悉的工作或者生活当中，以此建构社会工作的理论逻辑。生态视角认为，过往的社会工作理论模式在解释人的行为表现时，要么借用临床治疗的研究结果，把人视为有问题、需要别人帮助的人，要么借用实验室的实验结果，把人当作可以接受直接施加影响寻求改变的人，这样必然使社会工作的理论解释出现与实际社会生活相脱节的现象（Greene，2008）。生态视角既包括个人对环境适应的考察，也包括环境对个人成长的支持分析，是一种同时关注个人和环境改变的双重视角（Germain，1979）。

（一）生态视角下“个人—环境”的相互转换

生态视角认为，个人与环境一直处在转换的过程中，个人的成长并不是直线形的方式，而是发生在与环境相互影响的过程中。因此，个人与环境之间就具有了一种交互影响（reciprocal causality）的特征，不仅个人影响环境，同时环境也在影响个人，如果不了解环境的影响，个人就无法预测未来的变化（Greene，2008）。个人与环境的转化使得双方组成了一个不可分割的整体（Greene，2008），转化只能发生在特定的文化和历史场景中，只有在特定场景中依据相互关联的逻辑，才能理解其真实的内涵

（Germain et al.，1995）。个人内部与外部变化连接起来，形塑了个人的角色建构过程（Kemp et al.，1997）。Bronfenbrenner（1979）研究指出，个人是不断成长、动态重构环境的真实个体，个体与社会环境之间的互动是双向的过程。这里的环境包含微观系统、中观系统、外围系统以及宏观系统（童敏，2019）。个人与环境的配合体现在不同的层次，两者存在复杂的交换关系。从我国内地社会工作发展的社会背景来看，社会工作服务是由政府出资购买并主导的，因此专业社会工作进入并参与社会工作服务场域需要一个嵌入的过程（王思斌，2011）。所以，只有在政府购买专业服务的特定场景中，深度了解社会工作者与利益相关者相互影响、相互沟通的动态过程，才能真正理解社会工作者角色真实的生成逻辑。关联性（relatedness）是生态视角双重转换中的重要特性，其强调人生活在多个不同系统的网络关系中，这些网络中的成员同时影响人的行为表现，一起构成影响人成长改变的重要环境，这被称为社会网络（social networks）（Gitterman et al.，1976）。在嵌入式发展的职业脉络中，A 市社会工作者有哪些社会网络，这些社会网络如何影响社会工作者角色的践行和角色压力的生成？这些问题是值得在研究中探寻的。

（二）生态视角下“个人—环境”转换中产生的问题

生态视角认为，个人的问题不是个体内部某种心理的状况出现了问题，而是个人在与环境转换的过程中出现某种状况。这种状况首先表现为压力（stress），即外部环境的要求与个人的需要以及拥有的能力之间出现了矛盾，二者之间失去了平衡，出现了不匹配的现象（Bobbins et al.，2006；转引自童敏，2019）。导致这种现象出现的原因有很多种，可能是外部环境的要求过于高标准，也有可能是个人在应对的时候能力有所不足，或者个人没有办法得到必要的资源。在生态视角看来，压力应该放在个人生活的日常情景中，既要关注个人对环境的应对能力，又要关注环境对个人施加的影响。这种生态视角的压力，概括起来包含三个层面：生活的转换（life transition）、环境的压力（environmental pressure）以及人际互动的过程（interpersonal process）（Germain，1979；童敏，2019）。嵌入性社会工作发展路径，导致社会工作者这一外部进入性角色遭遇既有权力主体的反向嵌入。社会工作作为整体进入相应的服务体系，自然而然地会受到所进入系统的怀疑、阻碍、排斥（徐选国，2019）。社会工作者在遭受排挤的职业环境中生存，其角色扮演的过程中会呈现何种压力？这种压力是如何建构而成的？Greene（2008a）在研究中指出，压力不等同于问题，人本身生活在压力中，成长自身就充满了各种压力，压力是否成为问题的关键需要考察个人应对压力的方式。因此，生态视角的重要概念——因应由此而生。生态视角假设人总是处于应对环境要求的过程中，这种应对关联着个人的内部与外部的连接和转换，表现为个人依照自己的能力连接外部的资源，实现个人与环境的更好匹配。如果个人在其间实现不了与环境的匹配，就会出现所谓“问题”（Germain，1979）。因此，生态视角认为，“问题”不是个人或者环境单方面造成的，而是个人与环境无法形成适切的转换，既可能与个人的应对能力有关，也可能与环境对人的要求有关（Germain，1979）。因此，在嵌入式发展的社会工作职场中，社会工作者在角色挑战中是否有能力因应以及如何因应，是本研究的关键。另外，环境中的影响因素也可能造成社会工作者的角色压力，这些因素是什么？同时，对于形成社会工作者与职场环境的适切转换也值得研究关注。

（三）生态视角下的互动式增能

生态视角下，无论是关注个人成长还是因应能力的提升，都涉及心理与社会的双重视角的作用，不仅注重个人适应环境能力的提高，还考察环境对个人的成长支持，是二者之间互动方式的积极改善（童敏，2019）。换句话说，生态视角认为，人适应环境能力的提高是针对之前的个人和环境间的互动方式而言的，是对二者之间互动方式的改变，而不是把个人从日常生活的关联中抽离出来，通过各种专业培训提高个人的适应能力；同样，在考察社会环境对个人成长的支持时，也不能将环境与个人的生活现状剥离，通过增加环境的资源投入以提高环境对个人成长的支持，而是要在个人与环境的现有互动方式上提升环境对个人成长的支持（Germain，1979）。生态视角下的互动式增能是由提升个人适应能力与环境的支持同步开展的，包含释放个人的潜能、消除成长的环境障碍以及增强环境的支持特性等（Germain，1979），但最终目标是增进个人与环境之间的相互匹配（Greene，2008）。

王恩见等（2021）在研究中指出，在我国内地，由于社会工作发展尚不够成熟，社会工作者的工作环境并不理想，在实务过程中面临更多的挑战。他们的研究提出，我国内地迫切需要将社会工作的“自我关怀”嵌入中国传统文化、社会工作“文化自觉”的发展，从而建立本土化的实践体系。强调从个体和组织层面提升社会工作者的整体健康质量和增进福祉，侧重于提升主观幸福感、减少压力和限制职业自我对个人自我的压制的策略。“自我关怀”策略以单向线性作为主要的思考逻辑。就生态视角而言，社会工作者的角色扮演以及角色压力的生成或因应不仅受到所处环境或社会工作者本身的影响，而且受到社会工作者与职业环境相互交流过程的影响。因此，在解决策略的思考层面，不单单要提升社会工作者个体的适应能力，或是解决结构性困境，而是要在双方的互动过程中关注到社会工作者的人际关联、社会工作者的胜任能力和适应力、社会工作者所处的栖息地资源等部分的各个层面的重要因素以及它们之间的互动式增能。

小结

本研究探究 A 市社会工作者扮演的职业角色是什么，角色压力有哪些，形塑角色压力的过程与影响因素，以及社会工作者如何因应角色压力。对这些问题的研究必然要在社会工作者所处的生态环境脉络中进行。生态视角强调个体在其所栖息的社会环境的互动交流过程中，必须在个体适切的成长时间节点于环境中获取足够的滋养，方能完成各项生活历程。而为了维系和推动生活历程的前进，个体必须与栖息的社会环境达到适切的调合度，才能顺利适应。生态系统观点可以为探讨社会工作者在政府购买社会工作现有的发展体系中，其角色、角色压力与如何因应角色压力提供一个完整的分析框架。社会工作者在目前社会工作发展的职业栖息地扮演角色，遇到的角色挑战有什么？在与职场栖息环境的互动中形成了怎样的因应模式？只有在社会工作者与其所处的栖息地中的微观—中观—宏观（见图 2-2）的环境互动中才能找寻其生成的逻辑。栖息地中的微观、中观、宏观环境有哪些？如何与环境中的“人”互动？这些关键的部分皆与研究的结果息息相关，生态视角将会为研究过程提供坚实的理论基础。

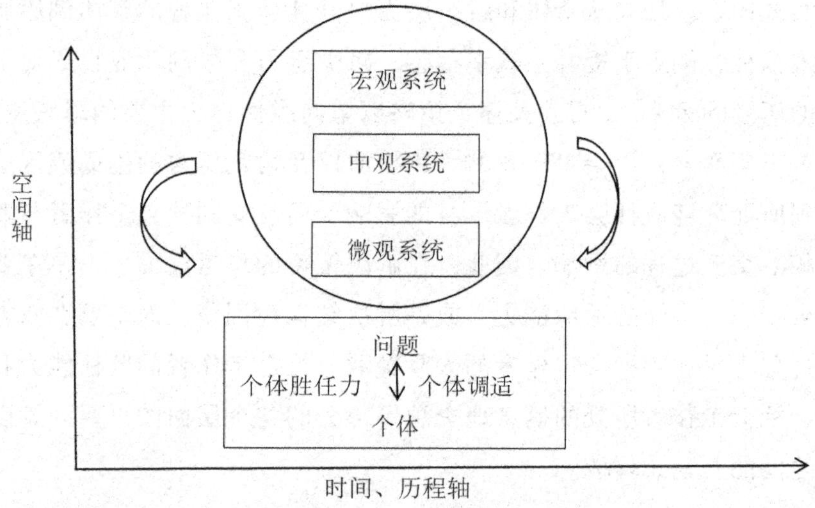

图 2-2 生态视角结构图

资料来源：研究者整理。

三、因应及因应策略的相关研究

（一）因应的内涵及主要理论观点

因应是个体对压力的具体反应，也指为处理已评估可能造成的伤害或压力努力应对的行为方式。国内外学者对于因应的定义具体描述和侧重点不同。国外学者认为，因应是面对问题并解决问题的具体方式，是个体对生活、工作等方面产生的压力所作出的反应。通过因应，可以有效减轻相应压力。而我国台湾学者对于因应的理解是个体在面对外界的压力时，在认知面向、情绪面向以及行为面向努力尝试解除压力。因应的策略不是固定不变的，它是一个动态的过程，当事人在不同阶段以及不同压力面前，处理压力的策略是不一样的。国内外学者对于因应含义的解读，如表 2-1 所示。

表 2-1　国内外学者对于因应含义的解读（转引自张明寮，2007）

学者	因应之内涵
Beehr 和 Mcgrath（1966）	因应是指反抗；成功应对；因应是成功应对或者管理，是具有价值内涵的
Lazarus 和 Launier（1978）	因应是个体于行动方式以及心理上的乐观面对，是个体处理外在环境和内在心理上的相关要求或冲突。这些相关要求或者冲突有可能造成个体资源或能量的负荷。而因应的作用在于在个体应对较为严重的压力事件或危机情境时，运用新的或者过去不经常用的策略
Gmelch，W. H.，et al.（1982）	因应是个体决策的一个过程，个人可以选择最为有效的技术减缓压力；因应的预期效果将会减缓压力所带来的痛苦
Lazarus 和 Folkman（1984）	因应指的是个人通过改变认知或者改变行为的方式，控制超乎个体外在、内在失衡的要求
Folkman 和 Lazarus（1985）	因应是个动态的历程，包括因应主体的认知—行为—评估与二次行动等步骤 因应的作用分为两种：第一种是调节情绪与压力；第二种是解决压力再生的问题
Billings 和 Moos（1981）	因应是个体面对的压力事件与个体适应环境后的最终结果之间的主要中介因素，是因应主体针对特定的相关事件所作出的行为反应
Gmelch（1988）	因应是个体评估压力后采取的相应行为策略，通过策略来减轻压力感受，进而减轻压力的负面结果，维持个体身体、心理两方面的健康和幸福

续表

学者	因应之内涵
Lazarus（1999）	一个人不断地调整个体认知和努力改变行为，进而管理超出个人资源的需求
Lazarus（2001）	个体为应对外部或内部的需求所作出的反应。这个应对被视为一个过程，必须在个体所处的背景中和评估互动中进行理解。应对的结果并不确定，有时有效，有时无效
江鸿钧（1995）	因应是面对压力时的对应过程，在此过程中可以达到减缓压力的效果
程一民（1996）	因应是个体竭尽全力要去处理的外部境况或问题的一个动态的过程。也就是说，当个体面临超过本身所拥有资源的复杂情境或问题时，为缓冲或避免情境或问题给自身带来的身体或心理的不平衡，而采取的行为策略
黄义良（1999）	因应是指个体为了缓解当前环境给自身带来的压力，主动调整自身的心理认知或改变其具体的行动策略，以使得压力在质与量两个面向达到缓解的心理动态历程

从因应研究的发展脉络来看，有三种主要的观点（Schaufeli，2002，详见表2-2）。第一种观点来源于跨越19世纪末和20世纪中叶的心理动力学传统。这种观点主要是从防御机制的角度来看待因应，其中个人使用各种技术来调整压力事件的含义，以便能够管理它对个体造成的任何痛苦。随着研究方法的推进，研究者将成熟的防御机制与不成熟的防御机制区分开来（Parker et al.，1996）。与使用不成熟的防御机制相比，运用成熟的防御机制还会引导出一种学术观点，即个体在处理压力遭遇时可能会偏向于某些策略的选择，并且特定的防御模式与特定的结果具有相关性（Parker et al.，1996）。第二种观点是人格功能理论。该观点认为，人格与因应之间存在联系（Connor-Smith et al.，2007）。当行为的特征模式（个性）通常定义了用于因应的策略时，就会出现最大重叠点，这支持了个性的各个方面与某些首选的因应方式相关联的论点（Suls et al.，1996）。在这一观点的讨论中，因为人格特质的复杂性引出了学者探讨的新方向。比

如，个体在因应策略发出时的能力如何（Suls et al.，1996），是否有可能区分“强”与“弱”的情况，其中某些情况可能比其他人更容易表达个性的特征（Suls et al.，1996），早年的压力经历和压力源本身是否会影响因应策略的选择（Suls et al.，1996），个性如何塑造积极的意义并且在遭遇压力的过程中受益（Affleck et al.，1996）以及个性如何增强“个人应对资源”的积累（Schaufeli，2002）。这些研究的重要特征是强调环境和个人的单方面决定因素（Suls et al.，1996）。第三种观点是运用过程视角来理解因应。这种过程被认为呈现在互动面向。互动意味着过程，其中压力的产生既不在于个体本身，也不在于环境，而在于个体与环境之间不断变化和持续相互作用的互动（Lazarus，1990）。Lazarus 认为，要了解产生压力的互动的性质，就要探索将个体与环境联系起来的认知过程（Dewe et al.，2007）。Lazarus 研究指出，因应的核心是认知评估的概念，一旦被评估为压力，就会启动因应行为来处理受扰的人—环境的互动（Lazarus，1990）。认知评估分为两个过程来完成。第一个是个体评估遭遇并且赋予其意义，被称为“初级评估”（Lazarus，2001）。初级评估主要是需要个体对所处环境可能对自己造成的伤害、威胁、损失或挑战进行评估。第二个是“二次评估”。“二次评估”主要是评估个体的选择，侧重于可以做什么。“初级评估”与“二次评估”通常很难区分，同时并不意味着哪个更重要，只是对特定遭遇的回应。两个评估彼此依赖，都是因应过程的一部分。二者的差异是内容上的差异，而不是时间上的差异。

表 2-2 关于因应的三种理论观点

理论视角	关于因应解释观点
防御机制理论	个人使用各种技术来调整压力事件的含义，以便能够管理它对个体造成的任何痛苦
人格功能理论	个性的各个方面与某些首选的因应方式相关联
过程视角	压力的产生既不在于个体本身，也不在于环境，而是产生于个体与环境之间不断变化和持续相互作用的互动

资料来源：研究者整理。

（二）因应的策略相关研究

Lazarus 和 Folkman（1984）界定出两种主要过程面向的因应策略。他们将其描述为“以问题为中心的策略”和“以情绪为中心的策略”。这种因应的分类模式为思考许多不同类型的因应提供了一个广泛的实用的框架（Folkman et al.，2004）。

以问题为中心的因应策略可分为内部导向和外部导向两种模式。内部导向的模式包括重新反思自己对外界人或事的态度、需求，同时发展新的行为以及回应之前所做的努力；外部导向的模式趋向于改变情况和他人行为。以情绪为中心的因应策略趋向于处理情绪上的苦恼，此策略包含肢体运动、沉思冥想、情感表达和寻求支援等，主要侧重于改变人的感知、认知和情绪。当觉得能应对问题或挑战时，可能就会用以问题为中心的策略去因应。当问题或挑战似乎已超出自身的控制时，则可能会依赖以情绪为中心的因应策略（Folkman et al.，1989；Vitaliano et al.，1990）。两种因应策略在本质上都不比对方更有价值或更有效，每种策略都可能适应不同的背景情况。在类别数量方面出现了几个主题。Burke（2002）指出，工作压力因应有四种类型，即信息寻求、直接行动、行动和内心抑制；而 Billings 和 Moos（1981）发现了三类因应行动类型，包括主动调整认知、主动调整和发出行为（以问题为中心）和脱避（以情绪为中心）。因应是一个动态的过程，因此，因应的动态性质增加了研究的复杂性。在不同背景下，测量对不同的人发出的同样的因应策略是否有效变得困难。有学者指出，个体差异不仅会影响策略的选择，还会影响策略的使用功能（Suls et al.，1996）。不同背景下需要不同的因应方式，这意味着因应的灵活性是评估有效与否的重要部分（Folkman et al.，2004），并且要理解因应有效性需要认真分析个体所处环境本身（O' Brien et al.，1996）。Folkman 和 Lazarus（1985）在“个体与社会环境互动”之因应的理论中指出，压力因应所发出的行为是个体与社会环境互动产生的结果，压力事件本身、个体因素、社会环境要素都会影响个体因应策略的抉择（转引自张明寮，

2007）。

在比较以问题和情绪为中心的应对方式时，不应假定一个比另一个更好。只有收集更多关于在特定压力遭遇中如何使用不同策略以及如何将它们整合起来的资料，才能从中更好地了解它们的工作原理以及有效性。

“主动因应”一词由 Aspinwall 和 Taylor（1997）首次描述，它是受积极心理学影响而新兴的因应取向。Hobfoll（2001）的资源积累概念被运用在压力和因应研究中（Schwarzer，2001），并提出了积极因应的概念。在积极因应中可以反思最能体现积极应对的质量（Dewe，2008）。这些质量包括产生积极情绪的评价和意义，具有前瞻性并针对资源积累、个人成长和能力建设的因应策略，以及“拓宽个人的思想和行动库，从而建立持久的个人资源”的积极情绪（Fredrickson，2001）。Lazarus（2001）指出，在强调需要关注积极因应的同时，也需要关注消极应对。主动因应的核心是提高个人的生活质量（Greenglass，2002），它被定义为“努力建立有助于实现具有挑战性的目标和个人成长的一般资源”（Schwarzer，2001）。本质上，由于主动因应是面向对外的一些挑战，因此可以将其与更传统的应对形式区分开来，后者的重点是对已经发生的压力遭遇作出的不得已的反应。主动因应建立在积极主动的应对者的愿景基础上，即自我发起的建设性行动可以创造机会。成长和提高生活质量（Schwarzer，2001），积极因应就是积极评估，它强调目标管理而不是风险管理（Greenglass，2002），引导绩效水平对个人有意义并提供目的（Schwarzer，2004）。简而言之，积极主动的因应让我们相信变化是可以为人们带来改变的丰富潜能。（Greenglass，2002）。预防性因应与主动因应一样，都是面向未来的，都值得关注（Folkman et al.，2004）。预防性因应中潜在主动的“能力建设”要素是很有意义的（Dewe，2008）。它更多地被描述为为可能发生的威胁做准备（Schwarzer et al.，2002），体现在人们可以通过锻炼、冥想、放松和更平衡的哲学等活动获得资源能力和复原力。所有这些技巧都旨在创造一种内在的幸福感，让人们在遇到压力时拥有更大的能力因应。

（三）社会工作与角色压力的积极因应

传统文献中强调，因应是减少痛苦的一种反应机制（Schwarzer et al.，2003）。然而，在积极心理学运动（Peiro，2007）的推动下，学者们开始强调运用积极的视角研究因应压力及倦怠的策略（Greenglass，2002）。资源保存（COR）理论（Hobfoll，1989，2001，2002）和工作需求—资源模型（JD-R）（Demerouti et al.，2001）表明，资源在提高积极应对角色压力和减少消极结果方面起作用。因此，Devi 和 Sharma（2013）在研究中倡导，社会工作者采用个性化的方法即通过采取积极主动的策略来增加工作中的资源和灵活性，以减小角色压力带来的消极影响。以社会工作者为中心的研究认识到复原力在促进福祉、确保提供高质量服务（Kinman et al.，2011）和专业成长方面的重要性。在研究社会工作者压力和复原力的预测因素时，那些表现出高度发达的“社会和情感竞争”的人被认为对压力更有抵抗力（Kinman et al.，2011）。复原力被认为在帮助从业者应对压力方面发挥着重要作用。在具有内在挑战性的环境中，弹性作为规避工作相关压力负面影响的一个因素，可以解释某些员工在高压力下茁壮成长的能力（Kinman et al.，2011）。Kinman 和 Grant（2011）建议，应该在个人社会工作生涯的早期进行有针对性的干预来增强复原力。

社会支持通常可以定义为人们在正式和非正式关系中的支持性互动或资源交换（House，1981）。在工作环境中，社会支持被发现是一种工作条件，可以减少工作相关压力的负面影响（Karasek et al.，1990）。文献中的研究表明，在工作场所感知到的社会支持会降低社会工作者所面临的职业倦怠（Houkes et al.，2003）和产生离职意愿（Mor Barak et al.，2001；Nissly et al.，2005）的可能性。

—小结—

从上述研究文献中我们得知，因应是评估个人伤害或困境之后的处理。从早期的防御机制理论到人格功能理论再到个人与环境互动等因素，我们可以了解到影响因应的因素有哪些。从因应的理论发展脉络来看，个人因素、情境因素以及个人与情境如何互动都会影响个人的因应。不过，个人与环境互动的因应理论突出了因应的交互作用，这对本研究来说较为关键。社会工作者关于角色压力的因应，有可能随着个人特质的不同、职业场域情境的变化、个人与职场利益相关人不同的互动结果而发展出不同的结果。

对于因应策略的分类则存在不同的维度。不同的因应策略会表现出不同的具体因应行为方式。从研究积极因应、主动因应的文献中可以感受到压力因应的希望性质量和能力形塑的可能性，这为调研社会工作者的角色因应策略提供了较为新颖的思路。在现有的社会工作者的职场脉络中，社会工作者对于角色压力的因应是积极的还是消极的，是主动的还是被动的。他们的因应策略更侧重于哪种因应取向。这些问题值得我们深入研究。

第三章

研究方法与研究设计

本章介绍研究方法与研究设计，主要内容包含研究方法的选取和如何开展具体研究的详细说明，一共分为四节内容。第一节内容是研究方法的选择；第二节内容是研究对象与选样考量；第三节内容是资料收集与分析方法；第四节内容是研究伦理与考量。

第一节　研究方法的选择

质性研究方法（qualitative research method）比较专注探讨人类的特殊经验所代表的深层意义，开发以理论为依据的广泛观察（赵碧华 等译，2013），是以研究者本人作为研究工具，在自然的情境下采用多元资料收集方法对社会现象进行整体性探究，使用归纳法分析资料并形成相关理论，通过与研究对象互动对其行为和意义建构获得解释性理解的一种研究活动（陈向明，2002）。建构主义认为，个人是真实的协同创造者，它强调个人与社会和物理环境的互动依赖（Schwandt，2000）。以建构主义的观点来看，所谓“事实”是多元的，因历史、地域、情境、个人经验等因素的不同而有所不同（Glasersfeld，1993）。因此，事实意义的建构是质性研究方法的核心重点。建构分为个人建构和社会建构（派恩，2008）。个人建构是人们按照他们头脑中关于如何用行为的“建构”来控制自身的行为，此种建构是从过去的经验中发展而来的（Kelly，1955；转引自派恩，2008）。而社会建构是对世界的共享的描绘，经由人们在社会和历史背景下的互动而建立起来的（派恩，2008）。回顾第一章、第二章的内容，本章将探索 A 市社会工作者自身角色是什么？他们认识到的角色压力类型及表现是什么？社会工作者面对角色压力的因应模式又是什么？基于我国内地社会工作现有的职业发展脉络，社会工作者进入职场后的嵌入过程，是社会工作者与职场环境互动的过程。社会工作者到底扮演了什么角色，具体面对的角色压力是什么以及因应的策略是什么，不是单单来源于社会工作者的自我内在觉察，也不是职场中的重要他人或组织等重要影响因素所期待或规范，而是社会工作者带着内在觉察与职场环境中重要他人或组织的期待或规范互动而建构的。因此，社会工作者的职业角色（压力）的形塑、对因应策略的思考和行动，需要在社会工作者与职场环境中的重要他人或组织的互动中完成。对该议题的研究强调社会工作者生存的脉络，重视社会工作者的主观体验以及社会工作者与职场环境当中利益相关人的互动，这与质性研究强调现象背后意义的诠释、重视主体经验，以及对于社会环境脉络的处理、日常生活的关怀等特质互相契合（Rallis et al.，1998）。因此，本研究选择采用质性研究方法，对本研究聚焦的社会工作者角色、角色压力及角色压力因应模式展开研究。

第二节　研究对象与选样考量

一、研究对象的界定

本研究所称的“社会工作者”，是指在A市政府购买社会工作服务体系内任职或曾任职的、提供或提供过一线服务的社会工作者。

二、概念性架构

本研究探讨的是社会工作者的角色压力及因应模式，而社会工作者的角色、角色压力形塑的过程受社会工作者所处的环境脉络、职业从业时间长短所影响，其因应角色压力的行为表现是在个体、时间以及所处环境多重影响下作出的因应与回应。本研究将其整理成角色压力形塑与因应模型，期待通过收集资料回答下列问题。

一是在政府购买社会工作服务背景下，A市社会工作者认为在不同职业发展阶段的职业角色有哪些？

二是在形塑职业角色的过程中，他们面临哪些类型的职业角色压力？具体表现是什么？

三是面对职业角色压力，他们是如何因应的？影响他们因应角色压力的要素是什么？

三、对研究场域与研究对象的考量

（一）研究场域

本研究的研究场域是A市的社会工作者。如第一章问题提出内容所描述，A市是我国内地社会工作职业发展较早的城市，社会工作行业经过十多年的发展，社会工作覆盖领域和地域范围较广。其行业发展模式是以政府购买为主，社会工作者在此模式下嵌入政府已有的体制中开展专业服务。从行业发展起始时间、规模、服务购买的性质来看，选取此研究场域具有一定代表性。

（二）研究对象的选样及具体做法

本研究所称的“社会工作者”，是指“在A市政府购买社会工作服务体系内任职或曾任职的、提供或提供过一线服务的社会工作者”。质性的研究在样本选取过程中因其研究问题的性质、研究目的的不同，并不重视样本数量，而较关注所选的样本能否展现研究者在研究目的中所期待获取的丰富资料。因此，样本的选取方法是研究者根据自己的判断确定研究目的之后的决定，这就是“立意选样”（purposive sampling）。立意选样也被称为专家选样（expert sampling），或判断选样（judgment sampling），是指研究者根据研究目的，刻意寻找具备某种特质的个体组成研究样本。根据立意选样的原则，研究资料的取得并非通过随机取样，而是由资料的丰富性所决定的，研究者所考虑的是哪些研究对象最能够提供完整且足够的研究资料。所以，研究者尤其要选取在从事社会工作历程的角色压力及因应方面能够提供丰富信息的人作为研究对象。因此，本研究在选样上会考量社会工作者性别、受教育背景、从事该职业之年资、职业资质、职务、服务领域以及是否在职等情况，尽可能增加样本的差异性与信息的丰富性。另外，在研究对象的数量上，质性研究中研究对象的数目并不是指绝对的数目，而是以每一个研究对象所呈现的情况与理论之间的关系为基准。Mccracken（1988）指出，质性研究的样本是为研究者提供一个机会，让研究者窥见某个文化的特征、组织和逻辑的部分特质，其目的在于“发现”而非“验证”，故其提出“少即是多”（less is more）的选样原则，并认为文化范畴的饱和（satruated）是停止选样的考量标准。因此，研究者需要一边取样一边整理资料，当其无法从新资料中得到新的特质或概念时，则结束对研究对象的选取过程。

在确定了研究主题后，笔者便开始联络比较熟悉的社会工作服务机构的人事负责人，向他们说明研究主题以及需要的人选条件。在取得 4 名受访者的名单后，笔者先向这些社会工作者征询意愿，再向有意愿参与研究的社会工作者介绍研究的主题与方法，在达成共识后，逐一约定地点，签署研究同意书与资料保密书后，开始进行研究访谈。这个过程是一边进行访问收集资料，一边分析资料的过程。后面持续地选取到第 7 名社会工作者，笔者在访谈后发现受访者再也没有办法向笔者提供更多的关于角色、角色压力以及因应角色压力策略的新信息，得知研究收集的信息已达到饱和状态。经与指导老师讨论，确认本研究的深度受访者为已访谈过的 7 名社会工作者。7 名受访者的具体信息如下。

本研究的受访者均为 A 市社会工作者，共 7 人，他们中的 2 人有从社会工作岗位离职的经验，其中 1 人在行业机构之间流动，另 1 人已离开社会工作行业。受访者的职场经验为 4~13 年不等，其中 4 年的有 1 人，5~10 年的有 1 人，10 年以上的有 5 人。在职业资质方面，1 人具有高级社会工作师（最高级别）资格，其余均为中级社会工作师。在职务方面，有 3 名督导、1 名见习督导、3 名一线社会工作者，其中 3 名督导兼具机构的行政职务、一线社会工作者身份。在性别方面，男性 2 名，女性 5 名。在学历方面，硕士研究生 2 名，本科生 5 名。在专业方面，社会工作专业毕业

5 人，非社会工作专业毕业 2 人。7 人均具有岗位社会工作和项目社会工作服务经验。受访者从事的社会工作服务领域包括社区、残障人、慈善与社会工作、老年人等。7 名受访者均有领域之间流动岗位的经历。受访者的基本资料详见表 3-1。本研究的第一手资料共 7 份，为笔者与受访者的访谈逐字稿记录。为遵守研究伦理中的保密原则，以下资料中受访者的姓名以英文字母 A—G 为代号。

表 3-1 受访者基本资料

代号	性别	受教育背景	社工年资	职业资质	职务	服务领域	在岗情况
A	男	社会工作专业本科	13 年	中级社会工作师	区域总监/督导	社区	在岗
B	女	社会工作专业硕士	13 年	中级社会工作师	执行总监/督导	社区	在岗
C	女	社会工作专业本科	8 年	中级社会工作师	一线社工	残障人	在岗
D	女	社会工作专业本科	13 年	中级社会工作师	中心主任/见习督导	老年人	在岗
E	女	社会工作专业硕士	12 年	高级社会工作师	领域负责人/督导	慈善	离职
F	女	工商管理专业本科	13 年	中级社会工作师	一线社工	老年人	在岗
G	男	经济贸易专业本科	4 年	中级社会工作师	一线社工	低保	离职

第三节 资料收集与分析方法

一、资料收集方法

本研究采取深度访谈法来收集研究资料。深度访谈也称深入访谈，是一种找出人们的感受、思想与经验的质性研究方法，与其他质性研究方法一样，以期了解人们用自己的言辞所表达出来的、埋在内心深处的以及对所处情境脉络的个人看法（许素彬 等译，2013）。深度访谈主要是针对受访者所处的独特脉络以及情境，提出开放性问题，期待受访者用自己的言辞来回应访谈的问题，而不是预测受访者会怎样回答，事先提供答案。因此，深度访谈非常注重聆听受访者自己的说法，发展有关背景、态度及行动的综合图像；同时了解受访者是怎么理解自己所居住和工作的环境的（Rubin et al.，1995；王笃强译，2013）。因此，在研究访谈之前，笔者便根据研究主题设置了相关的开放性问题。访谈开始之前，笔者会向受访者再次介绍研究主题和研究意义，之后便正式开始访谈。笔者会以“聊聊您从事社会工作者的经历”或“谈谈做社会工作者的意义”这样的话题开启访谈。然后，依据每位受访者的不同特点，比如是否本专业毕业、是否兼任行政职务、是否有岗位流动现象等独特性问题展开关于本研究的访谈。

在深度访谈的过程中，为让受访者打开心扉、畅所欲言，笔者尽量创造一种轻松、自在的访谈环境。一般选择在受访者所在的工作中心较为温馨的个案工作室等，为受访者准备小点心与饮品，边用下午茶边访谈；或选择安静的餐厅，边一起用餐边访谈。在轻松、自在的氛围中，还要注意在访谈中与受访者保持适当距离，不要冒犯他；要保持与受访者的眼神接触，不做让受访者分心的行为。在访谈中，倾听与观察能力是贯穿整个过程主要的技术（卢晖临 等译，2010）。倾听，也是向受访者表现开放态度的重要做法。在与受访者互动的过程中，观察受访者对角色、角色压力自我内在觉察揭露程度的变化，以及在谈论不同议题时的非口语线索；通过这些信息，建立笔者对社会工作者的理解，同时也是希望逐步增进笔者与受访者对话的深度。值得一提的是，在访谈全程要时刻提醒自己对于受访者所处的大社会脉络与他们所觉察的内在的关系及内涵保持敏感性。

二、资料分析方法

质性研究的重要目的在于发现，最终目的是分析、诠释以及呈现访谈资料的结果。质性研究的资料分析难度最大之处在于要从大量的访谈资料中去逐步寻找资料所呈现的重要意义，并辨别出对研究主题具有重大意义的图像。最终，依据研究资料所呈现的本质内容建立起研究的理论架构或模型。质性研究是要探究情境中人们互动的符号、如何解释符号以及意义是如何建构的，因此知识是与情境脉络相连接的。此研究典范必须经历不断的“经验”“介入设计”“发现/资料收集”“解释/分析”“形成理论解释”，最后再回到“经验”的循环（白倩如，2012）。这就需要运用主题分析法（Thematic Analysis）。主题分析法是一种运用系统的步骤观察情境脉络、文化或互动关系的文本分析方法，考虑到研究设计和分析的基本原理，个人经历的社会文化和结构背景则成为主要关注点（Burr，1995）。主题分析法中的“主题”，代表研究资料中经常出现的核心要素，包括个体观点、个体经常使用的习惯用语或情境脉络下呈现的意义，而“主题分析”即是将以上这些主题再次呈现的过程。访谈资料中不断重复出现且具有共通性的要素，就是本研究的主题分析要探寻的共通主题。因此，主题分析是以“研究资料的整体—研究资料的部分—研究资料的整体”来回于研究资料与诠释之间。

主题分析法包括 7 个步骤，这 7 个步骤是循环往复的过程：第一步，整理访谈资料的逐字稿；第二步，整体阅读逐字稿（研究资料的整体）；第三步，发现突出的事件与理论框架的脉络（研究资料的部分）；第四步，再次整体阅读逐字稿（研究资料的整体）；第五步，分析经验结构与意义的再建构（研究资料的部分）；第六步，确认研究的主题与反思（研究资料的整体）；第七步，检验与解释。依据这 7 个步骤，笔者先整理每次访谈的文本（逐字稿）。然后，将自己沉浸在对文本的阅读中，对文本的整体进行理解。这段时间，笔者会对文本中重要的事件与整体脉络的连接进行思考，接着再整体阅读文本。通过再次阅读并整理文献，参考它们的概念与架构分类，并与指导老师反复讨论，将多种相似的主题、概念与它们之间的关联性进行归纳。最后进行主题的共同确定与反思主题的合理性。分析经验结构与意义再建构、确认共同主题是资料分析的关键。笔者会结合相关文献、文本内容资料反复思考，并与指导老师反复讨论后确定研究结果。

三、研究严谨度

本研究采用 Guba 和 Lincoln（1989）提出的考量质性研究严谨度的“可信度指标”，包括有效性、可确认性与可靠性、可转移性的内容。

（一）有效性

有效性要求研究者在研究过程中确保研究资料的真实性。笔者自 2009 年至 2013 年在社会工作实务领域工作 4 年，目前虽然在高校，但仍然从事社会工作专业的教学与研究工作，并兼职社会工作服务机构的督导工作，与社会工作实务界始终保持联络。在研究过程中，笔者会时常提醒自己自我省思先前工作的理解议题，以监控和确保研究的有效性。另外，在访谈的整个过程中，笔者在确保遵循受访者知情同意的原则下全程将访谈内容录音，并在转录后与受访者确认内容的准确性。运用上述方法确保研究的有效性。

（二）可确认性与可靠性

可确认性是指研究过程中要确保中立客观。在质性研究中，研究者本身就是研究工具，研究者的技巧、能力、敏感度及严谨度，是影响研究效度的关键。可靠性是指研究者运用何种策略有效收集资料，收集资料需要经过研究者多次分析或与其他研究者针对同样资料所分析的结果差异不大。在本研究的研究过程中，笔者将反复分析收集资料，不断对自我经验以及对研究内容的成见进行自我省思，保持中立客观性。同时，要采取深入访谈、非参与式观察等多种方式收集研究资料，形成多种资料的相互检定即“三角检定”。

（三）可转移性

可转移性是指能够有效转录被研究者的感受及经验。这里所指的不仅是将被研究者所说的内容真实地记录下来，对被研究者的真实感受经验也要如实记录。笔者在与受访者访谈后，要及时整理转录文字，并达到深度的描述，以确保受访者陈述的面貌或现象被更加真实、丰富地呈现，这样有利于促进研究结果的最终形成。

第四节　研究伦理与考量

质性研究不是“软科学”那样只需要研究者随机应变，它有自己“坚硬的”道德原则和伦理规范，而且要求研究者自觉遵守研究的道德原则和伦理规范。质性研究者坚信，好的伦理与好的研究方法是同时并进、相辅相成的（Sieber，1992）。基于社会工作者角色压力研究，在访谈中可能会出现一些敏感性议题。因此，研究者在研究过程中要充分考虑可能会伤害到受访者的伦理议题，并小心地在研究设计的过程中注意规避这些可能出现的伤害。而在许多质性研究中，伦理议题是协商、交易的课题，所有研究者皆乐于接受伦理议题的风险以与研究交换（陈向明，2002）。因此，研究者在研究伊始，可以与受访者建立开放的研究态度，主动并充分地了解受访者的意愿与其对研究的建议，为保障其权益做好充分的准备。结合研究及伦理注意的议题，本研究主要考量的伦理议题如下。

一、遵守受访者的知情同意原则

研究者在进行访谈时，要尊重受访者参与此项研究的自我意愿，不能强迫受访者参与。为遵守受访者的知情同意原则，研究者需要在研究前将本项研究的主题、目的、性质以及受访者在参与研究的过程中可能遇到的各种情况做详细的介绍和说明，并要确认受访者了解清楚并同意参与本项研究后方可进行访谈。为保障研究者和受访者双方权益，笔者在访谈之前，在征询受访者意见的前提下，就研究访谈的次数、时长、研究主题及目的等拟定了一份访谈同意书，在访谈前双方签署后，就研究内容开始进行资料收集。

二、隐私和保密原则与措施

由于质性研究的研究者与受访者必须发生面对面的接触，并且在大部分的情况下研究者与受访者的关系有可能会变得比较亲密，所以在研究的过程中遵循保密原则尤为重要。在研究开始之前，研究者需要主动向受访者承诺在研究过程中遵循保密原则，也就是说，研究者要向受访者承诺不论在任何情况下都不会暴露受访者的姓名等基本信息，与受访者有关的姓名、所属机构的名称等都会使用匿名或代号，必要时会删除敏感资料。在研究过程中，研究者要不断提醒自己对受访者的隐私资料保密。研究者整理资料后，可以将初稿的内容分享给受访者，若仍存在让受访者敏感的细节，可与受访者协商修改或删除此部分内容。基于这些原则，笔者在访谈前向受访者说明对于访谈资料进行保密的原则，并在访谈同意书中增添了保密协议的内容。在研究呈现的内容中，使用代号对受访者的姓名进行隐匿。初稿的部分引用内容已让受访者知情，并得到受访者的确定，确认没有受访者认定的敏感细节。

第四章

社会工作者眼中的职业角色

角色是指社会文化对具有一定社会身份的人所要求的一般行为方式及其内在的态度和价值观基础（乐国安，2013），它包含社会、重要他人以及具有一定社会地位的个体对个体自身的行为期望的系统总和。在A市政府购买服务的体系中，随着服务的开展，社会工作者不断地与用人单位、服务对象、评估方等相关利益主体互动，慢慢形成了一定的关于自我对职业角色的认知。本章将聚焦职业发展初期和职业发展过程中，社会工作者眼中的职业角色，从直接服务角色、间接服务角色和合并角色三个维度来揭示社会工作者所扮演的多元角色。

第一节　职业发展初期社会工作者的职业角色

一、直接服务角色：专业服务的探索者

从高校毕业转向职场环境，社会工作者要在职业栖息地将在高校所学的知识转化为职业实践。专业知识落地现实职场，这个过程充满了挑战。社会工作者在进行专业服务的尝试与探索中小心翼翼地适应本地职场环境。社会工作者通过第一个个案、第一个小组、第一个活动来推进自我专业成长之路。

那时候刚入职，心里很忐忑，因为不知道要怎么去开展专业服务。我记得第一个个案，我已经评估了好久，还不敢开，（就是）怕跟进不好。后来，我们好不容易开了个案，因为没有督导，不知道跟进的方法对不对，有疑问的时候只能靠实践的结果来检验了。但没办法，就要一点点做。（受访者B）

回想当初，机构要求我们每个人制作月计划表，我们就苦思冥想这个月

做什么，下个月做什么。当时，我们大多结合用人单位要求我们做的行政工作和自己要做的专业服务简单地计划一下。那时，在做用人单位的行政工作之余，我们经常想象以后要做点什么专业的服务。(受访者A)

二、间接服务角色

（一）行政工作的执行者

初入职场，用人单位仅仅按照政策购买社会工作服务，但是用人单位的领导并不理解社会工作者可以发挥什么样的专业价值和功能。于是，大多数社会工作者便成为用人单位的“替补人员”，完全作为行政工作人员在体制内做行政工作；有一些社会工作者虽然没有被当成体制内的工作人员，但其工作内容也以行政工作为主，其次才是对专业服务践行的考量。

记得刚开始的时候，我们主要是配合用人单位做些事情。比如政府举办大型活动，他们的人手少，需要人力，那么我们可以充当志愿者去协助。(受访者E)

我之前第一份工作是在社保局做社工。我们基本就是要服从社保局的安排，它让我们做些前台咨询之类的工作。后来说服务人员不够，我们也要跟着一起轮岗。我们基本上没有时间去开展专业的社会工作服务。(受访者C)

我们的工作主要是听从用人单位对我们的要求和安排，如果有空余时间就计划一下做点什么专业服务。有时候专业服务与用人单位的工作计划冲突，可能就要延迟进行或者没有办法实施。(受访者G)

（二）服务规划者

在职业发展之初，社会工作服务机构为了监管社会工作者的工作进度，要求社会工作者每周撰写当周及每月的服务计划。社会工作者通常以用人单位要求的工作为主、专业服务为辅的原则制订服务计划。

我们的工作以完成用人单位对我们的要求为主，如果有空余时间就计划一下做点什么专业服务。有时候专业服务的计划与用人单位的安排有冲

突，就要暂停或暂缓实施。（受访者 F）

三、合并角色：专业角色与服务的倡导者

当被问起社会工作者这一群体在职业中扮演什么角色的时候，受访者想到的第一个角色就是专业角色与服务的倡导者。在职业发展初期，社会工作者主要面对社会大众扮演此角色，侧重于通过摊位宣传、媒体宣传、体验活动向社会大众宣传。比如通过派发宣传单、展示宣传展板，宣传社会工作是什么、社会工作者能提供什么专业服务、社会工作者与志愿者的区别等内容，进而再通过媒体加强对摊位宣传活动的传播。

最初的时候，因为大家都不了解社会工作、社会工作者，而且常常将社会工作者与志愿者、社会工作服务与志愿服务混淆。所以，我们刚进入岗位的时候，最常做的就是摊位宣传。我们会结合一些节日，比如国际社工日、母亲节、父亲节、妇女节等制作一些宣传单和展板，通过摊位展示向大家介绍，再结合社工知识设计一些有奖问答或者游戏等，以有奖问答、游戏的形式吸引更多的人参与，了解社会工作。（受访者 D）

因为当时社会工作刚刚起步，在最初的那几年都在不遗余力地宣传要做好专业服务，要让大众知道什么是社会工作和社工，今天的活动是怎么回事，家庭服务中心又是怎么回事……很多时候我们都会做这样的宣传，有时也会设计一些小组活动让大众去体验社工的工作。（受访者 E）

第二节　职业发展过程中社会工作者的职业角色

一、直接服务角色

（一）治疗者

社会工作者在服务的过程中经常会预估到有些服务对象在心理上、个

人成长上或者在一些特殊的事件中存在困难，这时社会工作者就要缓解服务对象的压力，提升他们面对困难的能力。在为服务对象提供专业服务的过程中，特别是面对有特殊心理或处于困境的服务对象时，社会工作者经常扮演治疗者的角色。

一些受暴妇女找到我们，她们当初压力很大，身心都受到创伤，不知道怎么去处理跟丈夫的关系，不知道怎么样通过求助来保护自己。我们在服务的过程当中，会教给她们一些管理情绪的办法，告诉她们一些求助的途径和自我保护的办法，提高她们面对困难的能力，让她们缓解焦虑。我觉得在这个过程中，社工很重要的一个角色是治疗者的角色。(受访者 E)

我接触过很多行为上需要矫正的青少年。他们有的是因为上网成瘾而辍学，有的是因为犯了严重错误被勒令退学，有的是因为缺少家庭关爱而经常逃学等。他们是很多人眼中的“问题学生”，不可救药。但只要来到我们这里，我们就要无条件地接纳他们，给他们更多的关怀，慢慢跟他们建立关系，真正地接纳他们、走近他们，同理他们过往的经历。这样才能慢慢解决他们的行为问题。(受访者 B)

（二）支持者

困弱群体之所以困弱是因为其社会支持网络不足。服务对象因为没有相应的社会支持网络，缺乏发挥正常社会功能的资源，包括人际方面的资源、物质方面的资源、精神或心理方面的资源。社会工作者在服务困弱群体的过程中，很重要的角色就是服务对象的支持者。社会工作者通过提供多方面的支援，协助服务对象构建应对困境的信心与能力。

很多时候，我们会给服务对象很重要的支援，包括物质上的、精神上的。比如说我们“双百”社工，或者说我们在做民政救助的时候，我们对服务对象自然会有一些经济层面的帮助，我个人认为这是一个很重要的支持。另外，我们社工也会帮他们（服务对象）去寻找一些正式的或者非正式的支援，这样通过与服务对象共同建构支持网络以达到帮助他们的目

的。(受访者 A)

在我服务的居家养老领域里，那些比较高龄的长者患有不同程度的慢性疾病，且经过医生诊治也无法摆脱疾病带来的影响。此时，任何人也没有办法治愈他们的疾病。那么，社工就扮演着情感支持者和陪伴者的角色，陪他们聊天，转移他们的注意力，鼓励他们积极面对；并陪伴他们看病，为他们提供用药指导；坚持康复训练，让他们在生命最后一程得到关爱与尊重，获得安全感。(受访者 D)

二、间接服务角色

(一) 行政工作的执行者

在嵌入政府和事业单位等相关部门（服务使用单位）的过程中，社会工作者要适应环境，就有可能感受到来自科层制的压力。在这种嵌入式发展的背景下，行政色彩施加在社会工作服务机构和社会工作者之上，社会工作者遇到受机构和服务使用单位多重领导等问题（吴甘霖，2013）。社会工作者在现有的政府购买服务体系中工作，必然要在回应社会工作服务机构领导要求的基础上，重点回应服务使用单位领导的要求。服务使用单位有时因为人手的缺乏，需要社会工作者辅助处理行政工作；有的领导并不了解社会工作的职业角色，将社会工作者行政化。无论何种情况，社会工作者在现有的购买体制中都摆脱不了行政工作配合执行的角色。研究资料显示，A 市社会工作者在度过职业发展初期以后，除了做好专业服务，仍然要承担大量的行政工作。例如，原有体制内服务人员的管理、满足用人单位各层级领导提出的行政工作期待、完全替补政府行政人员的原有工作等。这些行政工作会占据社会工作者大部分或全部的工作时间，因此会出现专业服务让渡行政工作的现象。

我到敬老院超过一年的时候，觉得自己在前期辅助做了很多行政的工作，接下来肯定是要去做专业服务的。可实际上，我还要继续负责很多行政上的工作，包括我对饭堂人员的管理，对保安、护工、清洁人员的管理

和对康复师的管理。(受访者G)

用人单位对我们的要求我们也要回应。例如，领导临时有一些行政上的任务，要社工帮忙，那么我们就要去帮忙录入一些信息什么的。遇到这样的事情，我们不能说因为不是专业服务就不去做，因为我们还要去维系和购买服务单位的关系。(受访者B)

新冠疫情防控期间，我们绝对是政府工作的主要协助者。我们没有时间和精力做专业服务。(受访者F)

（二）服务的经纪人

当机构并未提供服务对象所需要的资源，或服务对象缺乏相关的知识和能力使用其他相关资源时，社工须扮演链接服务对象和社会资源的角色(曾华源，2013)。政府在购买社会工作服务时，费用集中在购买人力，对于社会工作服务的开展要靠利益相关方资助的资金或物资。因此，社会工作者在现有的服务体系中提供服务，需要为服务对象链接、整合社会资源，特别是为困弱群体争取资金与物资成为社会工作者的重要工作内容。研究资料显示，在提供专业服务的过程中，A市社会工作者作为资源链接者，为服务对象链接资金与物资；同时，也为服务对象联动更多利益相关单位共同为其提供适切的服务。另外，社会工作者还作为资源的整合者，对链接到的资源进行科学管理，具体环节包括谈判、计划、使用、评估。社会工作者通过发挥资源链接者与整合者的角色功能，倡导和促进多元利益主体共同关注和服务社会困弱群体。

在实际工作中，我还要扮演资源链接者的角色，要去为服务对象链接资源。比如，我要链接企业为贫困青少年捐赠助学金，为失独老人募集冬天保暖物资，为社区活动链接商家赞助等。(受访者B)

资源链接的能力是机构考评优秀团队的重要指标之一。所以，我们每个社工都在活动或项目中寻找与企业、商家合作的可能，尽可能多地整合资金或物资，夯实我们服务的物质基础。(受访者F)

我们为服务对象提供相关服务的时候，遇到受家庭暴力的妇女来求助，我们社工需要联络医院、社区警务甚至公安局、社区居委会等部门共同为她们进行服务，我们需要整合多部门的力量开展服务。（受访者 E）

我们与很多企业通过谈判，双方签订了捐赠协议。通常在企业捐赠之前，我们要与企业讨论和规划善款的使用情况，我们如何使用这笔钱、有多少额度用于直接给予最困弱的群体、多少额度用于支持开发和组织项目等。合理地使用和管理链接到的资源非常重要，我们要对企业负责。（受访者 C）

（三）服务规划与管理者

优秀的专业服务须通过科学的、专业的规划和管理来实现。直接服务者须不断发展新的服务方案，以面对服务对象不断产生的需要（胡慧婴 等译，2010）。研究资料显示，A 市社会工作者服务规划与管理者在年度、季度、月度服务之前需要制定详细的服务规划，以便在服务过程中进行服务管理。但在服务规划与管理的过程中，社会工作者不仅要满足服务对象的需求，还要满足用人单位、社会工作服务机构等各利益主体的规划需求。另外，社会工作者若担任督导，则这个角色所发挥的功能更加重要。比较职业发展之初的服务规划者角色，此时的服务规划与管理者的角色更加成熟，主要呈现以下特点：第一，在计划的主动性上得到增强；第二，在计划的思维上得到扩展，以更多元的视角考虑服务的整体方向，将用人单位的行政要求和专业服务的要求统筹协调；第三，在计划的目的上，更加注重成效导向。

我们一般按年度、季度、月度做服务计划。机构也会让我们按这个要求做团队和个人的服务规划。在开展服务的时候，我们会根据小组、个案、社区活动等来做系统的过程安排，设计表格来做好服务的痕迹管理，做好过程评估以及结果评估。如果是项目的话，也要做好项目的中期评估和末期评估。评估要用各种量表或者是质性访谈的方式。到年底，机构和用人单位都需要我们用年度报告的方式报告个人或团队的工作成效。所以，我们每个人必须做好服务的规划和管理，然后按部就班地开展服务、

评估服务。（受访者B）

我们要规划好服务，要不然会杂乱无章。规划的时候可能会有用人单位对我们提出期待，当然，机构也会对我们提出期望。因为我们自己也参与社区服务对象的调研，所以，我们也有自己的规划。我们会把几方面情况相结合，作出一份综合服务规划。服务的时候，根据专业和评估机构的要求，我们要记录过程。评估的时候，我们要用记录来证明自己做了什么以及做得怎么样。所以，要在服务的过程中管理好、记录好。（受访者F）

（四）岗位调动的被动适应者

在项目多元扩展期和动荡迷茫期，社会工作者要经历频繁的岗位调动，换岗、调岗成为这两个时期特别是项目多元扩展期的代名词。社会工作者在此过程中成为岗位调动的被动适应者。

因为项目购买中断，我被调了两次岗。我也经常看着身边的同事因为机构有了新项目被调去带新人。第一次调岗因为机构没有合适的岗位，我等待了两个月。第二次调岗不在我原来工作的区域，为此，我退了已经租好的房子，又在新的工作地点租了房子。记忆中这段时期是比较折腾的，每次去了新的岗位，一切都要重新开始。（受访者F）

第一次调岗是从岗位社工转为项目社工。转岗任务来得比较急，我完全没有心理准备，机构告诉我在项目团队里需要我带团队，然而我没有管理项目的经验，用人单位领导风格与之前的一点都不同，一切都要适应。（受访者D）

（五）督导者

督导者在社工的直接服务品质把控上扮演着重要角色，他们通过一种定期和持续的监督、指导，向一线社会工作者传授专业服务知识和技术，增进其专业技巧，进而促进社会工作者的成长并确保专业服务质量。随着社会工作者职业年资的增长以及经验的积累，部分社会工作者开始晋升为团队负责人、服务区域的负责人或者督导。这些社会工作者除了做一线社会工作服务，还要协助行业协会或社会工作服务机构承担督导一线社会工作者、团队管理、对外协调等事务。

（六）评估的迎合者

在A市重绩效稳步发展期，政府为了评估服务的成效，委托第三方评估组织机构对社会工作服务机构、社会工作岗位、社会工作项目等开展成效评估。社会工作者在接受多方以及不同维度的评估机构的评估时，通常扮演着评估的迎合者的角色。

我们中心一年要接受很多次评估，有机构评估、项目本身的评估，而且评估标准都不同。有时候会遇到不同的评估机构，他们对同一个项目的评估标准也不一样，所以我们要迎合不同评估机构的要求准备资料，否则就拿不了高分。（受访者B）

三、合并角色

（一）专业角色与服务的倡导者

无论是在社会工作行业发展初期，还是在社会工作还没有被社会大众认可的各个阶段，社会工作者都会经常扮演专业角色与服务的倡导者。与职业初期不同，随着职业生涯的发展，社会工作者逐渐拓宽宣传的渠道，发展出多元化的方式向服务对象、用人单位以及其他的利益相关方进行宣传，从最初始的摊位宣传，到现在通过多元媒体主动向各相关利益主体汇报工作等方式进行宣传。

在宣传方面，我们慢慢学会利用媒体进行宣传。我记得有一阵子流行使用微博，我们就在微博开设宣传专栏，发布我们的活动新闻。现在流行微信公众号，我们就开设公众号公布服务计划、招募活动成员、展示专业服务。有的用人单位会帮我们联络媒体比如《羊城晚报》等对我们开展的专业服务进行宣传。（受访者A）

除了用人单位本身，还有社区、警务、学校等，这些单位我们平时都要去沟通。告诉这些单位的负责人我们要做哪些工作，希望能够得到各方的了解和支援。很多时候，我们要向用人单位的领导解释社工是怎么去开展这项工作的，让他们了解社会工作。当时我们中心有接访的任务，我在接待参观团队时有一个很重要的任务，就是进行一些模拟活动，让参观者能很直观地了解社工是怎么开展专业服务的。（受访者 E）

（二）提供咨询者

社会工作者大部分的服务，需要处在政策与规划的系统之中（陈恒钧等译，2006）。服务对象特别是困弱群体在遇到自身问题时，经常面临没有了解政策的机会或不能正确解读社会政策的问题，这会直接影响服务对象自身利益的实现。一方面，服务对象不了解现有的政策，影响对福利的获取；另一方面，当原有政策出现变动时，服务对象不能及时了解政策变动的内容，引起服务对象对政策的误解，进而导致其不能顺利申请应有的福利。因此，社会工作者要扮演提供咨询者的角色。提供咨询者通过咨询的过程，以增加、发展、修正或释放寻求咨询者的知识、技巧、态度或与目前问题有关的行为，使得寻求咨询者能够更有效地协助服务对象（Kadushin，1977）。在资料分析的过程中，本研究发现这一角色的存在。当社会工作者扮演这一角色时，一方面要及时向基层的社区工作者普及政策的基本内容；另一方面要直接向服务对象解读政策。

我在残康领域做专业服务。关于残障人士或家庭的政策有很多，但是残障人士本身的局限性使他们不能及时了解或了解不到位。所以，我们其中一项很重要的工作就是在残障社群中宣传相关政策，针对个别想深入了解相关政策的服务对象进行一对一的解读，直到服务对象了解。还有我们会在政策更新的时候，仔细研究政策内涵，为合作的社区负责残障的工作人员普及政策内容，让他们能更好地和我们一同为服务对象进行澄清。（受访者 C）

有一年，A 市调整改变了居家养老政策，一些原本享受居家养老政策的长者由于不符合新条件将被退出服务，这些长者无法理解，对政策表示了不满。这时社工需要对他们进行政策解读与情绪疏导，并向其提供代替性的服务。（受访者 D）

（三）关系的维护和协调者

在我国内地，社会工作者受聘于社会工作服务机构，受命于用人单位，并以此为基础与其他利益相关人或组织合作，共同服务于服务对象。因此，社会工作者在服务系统中为维护自己与职业生存栖息地的关系，更好地为服务对象开展服务，要经常周旋于各种利益关系主体之间。社会工作者在服务系统中对于维护良好关系发挥着非常重要的作用。当服务对象与所在系统的人或组织出现冲突，或者所属的社会工作服务机构与所在的用人单位出现矛盾时，社会工作者需要担任中间人，做好关系的维护和协调。研究资料显示，A市社会工作者经常扮演关系的维护和协调者的角色，推动着服务向好的方向发展以及政府购买社会工作服务的正常进程。对担任督导或区域行政或服务管理的社会工作者来说，这个角色尤为重要。

我现在服务于老年人领域。服务对象或由于对子女的偏心，或自身需要长期照顾，或花费大量金钱用于看病，时常会与子女产生不同的矛盾。此时，社工常常会担当关系的协调者，缓解服务对象的家庭矛盾，疏导其家庭成员情绪，减轻其家属照顾压力，同时改变服务对象的顽固想法，从而共同解决当前问题。（受访者D）

我们在工作中有很多关系需要协调。我们需要协调不同的单位、不同的人。如果这一阶段用人单位的领导对机构意见比较多、比较大，我要及时反映给机构，提醒机构抓紧与用人单位沟通好。机构若无法直接沟通，我也要在中间做“和事佬”，维护两方的关系。除了参加他们面对面的沟通，还有很多事情需要我去协调。（受访者B）

因为我既是一线社工，又是督导和区域总监，所以我除了要负责自己岗位上的关系维护和协调，还要负责整个区域的工作。随着服务单位多元化，社工负责的单位有多少，就要跟多少单位去打交道，很多关系还有很多事情需要社工去协调。（受访者A）

小结

研究资料显示，社会工作者在职业发展过程中扮演着多重角色，总体可分为对服务对象的直接服务角色，对机构、用人单位等相关利益主体践行的间接服务角色，以及合并角色。在职业发展初期，直接服务角色为专业服务的探索者，间接服务角色为行政工作的执行者、服务规划者，合并角色为专业角色与服务的倡导者。而在职业发展过程中，社会工作者形塑的直接服务角色为治疗者、支持者，间接服务角色为行政工作的执行者、服务的经纪人、服务规划与管理者、岗位调动的被动适应者、督导者、评估的迎合者，合并角色为专业角色与服务的倡导者、提供咨询者、关系的维护和协调者。总体来说，社会工作者的职业角色从职业发展之初到职业发展过程中呈现得越来越多元化，同一角色的内涵越来越具有丰富性，具体见表 4-1。

表 4-1　职业发展不同阶段 A 市社会工作者眼中的职业角色

角色类别	发展阶段	
	职业发展初期（任职 1~2 年）职业角色	职业发展过程中（任职 2 年以上）职业角色
直接服务角色	· 专业服务的探索者	· 治疗者 · 支持者
间接服务角色	· 行政工作的执行者 · 服务规划者	· 行政工作的执行者 · 服务的经纪人 · 服务规划与管理者 · 岗位调动的被动适应者 · 督导者 · 评估的迎合者
合并角色	· 专业角色与服务的倡导者	· 专业角色与服务的倡导者 · 提供咨询者 · 关系的维护和协调者

资料来源：研究者整理。

第五章

社会工作者的角色压力现状分析

社会工作者的角色压力现状，是社会工作者在职业场域中从职业发展之初到发展过程中所累积和形成的一种角色压力感知状态，是社会工作者在职业栖息地与各利益相关组织或个人互动而来的结果，它具有明显的多元性和动态发展的特性。基于此，我们把社会工作者的角色压力现状分为角色压力的主要类型与具体表现和角色压力形塑的影响因素两个方面。两个方面的内容均体现了社会工作者在职业发展之初和职业发展过程中的角色压力感知与影响因素的动态变化过程及特点。

第一节　社会工作者角色压力的主要类型与具体表现

一、角色模糊——“他/她”是谁？“我”是谁？社会工作者到底要做些什么

（一）社会大众对于社会工作者的模糊理解：从认知程度较低到片面化了解

社会工作职业发展之初，社会大众经常将“社会工作者”（以下引用中部分内容简称“社工”）与“志愿者”混为一谈。虽然A市社会工作发展了十余年，但大部分的社会大众甚至媒体工作者还不能准确辨识社会工作者的身份，要么不理解社会工作者是一种职业工作者以至于夸大其工作范围或道德范围，要么将社会工作者理解为政府体制之内的工作人员。政府虽作为社会工作的购买主体，但政府购买了社会工作服务后，并不清楚社会工作者应该发挥何种角色的功能。而在体制内工作的社会工作者本身在模糊中探索本土化社会工作的发展之路，亦步亦趋，往往在岗位中会

产生“到底要做什么”“怎么做”“做多少”“社会工作者的服务角色的边界到底为何”等困惑。本研究通过深度访谈了解到了这一点。

起初，我们A市社工跟中国香港的社工存在很大差距。因为社会工作刚刚发展，所以人们对它的认知度比较低，我们在服务的过程中要花很大精力去澄清角色。用人单位和服务对象对社工这个职业和志愿者的认知相当模糊，我经常被服务对象称作志愿者。社会工作发展到现在，我感觉这种对社会工作行业认知模糊的状况逐步改善了，但跟我对这种认知的期待还是有一定的差距。(受访者F)

到现在为止，服务对象可能对我们的工作都不太了解。比如说，他/她有时候会以为我们是居委会的工作人员，可以帮他/她申请资源，或者办一些手续，我们很多时候都要（向服务对象）做一些角色的澄清。(受访者E)

社会（公众）对社会工作和社会工作者的认识是有阶段性的变化的。刚开始我们要一直强调社工跟志愿者的区别，因为他/她一直把我们理解成志愿者。直到在我们强调了四五年后，社区居民发现身边的社工变多了，再加上我们在社区举办一些活动，或者在做救助和家庭等领域社会工作时，大家经常看见社工忙前忙后，随着专业服务的增加和新闻媒体的宣传，社会大众对社工就有了一些浅显的认知。社会工作发展到今天十几年了，不是说所有人……其实还有一半人没听说过社工，但至少我觉得有40%能准确理解社工了。(受访者A)

（二）社会工作者对自我角色的模糊：从懵懂到疑惑

回顾十几年前社会工作行业发展之初，社会工作者对自己的角色的认知同样是模糊的。到了新的岗位，常常表现出“我可以做些什么”的懵懂。科班出身的社会工作者不知道在学校学习的知识能否运用到实践中，或者不知道如何运用到实践中。非科班出身的社会工作者对社会工作者扮演的角色还在各种想象中，在实务中通常感到无从入手。

受访者B是科班出身的社会工作者，她忆起当年情况时说道：“我是

2009年10月开始做社工（这个职业）的，也是A市的第一批社工。我本身就是读社会工作专业的，大学毕业的时候，刚好A市开始发展社会工作，我所居住的镇街就是6个试点镇街之一，所以凭借着天时地利人和我当了一名社工。当时在团委的领导下，我们成立了一个青少年社工中心，和我在一起工作的，还有其他3个小伙伴。刚开始，我们不太懂怎么做社工，因为只有从书本上学习到的那些理论知识，从来没有实践过，而且我们作为镇街的社工，机构没有给我们配备专门的督导。当时A市聘请了一批来自我国香港的督导，但是都派给了市级岗位，镇街没有。机构为了推动我们的专业发展，就暂时给我们安排了一个兼职督导，但是督导一个月只来一次，给我们的指引也不是很到位。当时团队中的4个小伙伴都是刚毕业的大学生，大家都不太懂社工应该怎么做，所以我们当时很多服务行动都是听从上级团委的领导也就是团委书记的领导。我们团委书记是非常有能力也是相对比较强势的。其实那时候很大的一个压力，就是不会将学到的社会工作专业的理论融入实践，经常感觉很多事情做得不太好。”

刚刚进入社会工作行业，社会工作者困惑于“我可以做什么”“到底怎么做”等问题。当硬着头皮尝试开始专业服务后，社会工作者仍然有疑惑，因为关于社会工作者的角色定位从来没有明确过。所做的服务到底是不是专业角色作用的发挥？对服务对象应该提供什么样的服务？社会工作要被认可为一门专业，专业服务的“适当性、正当性、可靠性和有效性”是能否做好服务重要的指标；也就是专业服务并非服务的提供者发出的善意、方便性或自觉，满足服务对象的需求或者让服务对象感到满意才是衡量服务质量的重要取向（曾华源 等，2016）。一个专业的发展不能脱离社会环境，它势必要展现专业角色职责获得社会认可（曾华源 等，2016）。然而研究资料显示，A市社会工作者缺乏专业角色的清晰职责。当社会工作者面对服务对象特别是面对特殊困境的服务对象时，存在角色定位模糊的现象。特殊困境如何界定？面对服务对象的特殊困境，社会工作者应不应该（继续）跟进？如果（不）跟进，应该提供怎样的服务才较为适当、正当？

我曾经服务过一个服务对象，他患有抑郁症并且之前有过中药服用史，但在我跟进的时候，他没有去做一些对症的治疗，只是说吃了一些中药。他会经常找我聊他的一些情况。每次跟他聊完，虽然他会觉得舒服一点或者释怀一些，但是我就会想是不是应该让他去吃药？我曾经建议过，但是他没有接受。我就在想自己作为一名社工到底能跟进到什么样的程度？面对他这种情况我该不该叫停？其实如果说在服务过程中有心理咨询师，或者说有一些心理治疗配合是更好的。我认为我可能会涉及一些风险，也反映出那时自己的专业能力有限，不是说什么样的案例都能应对。我不知道这个界限应该在哪里，但我同时也会产生责任感，就觉得他也不去看心理医生或者心理咨询师，如果我终止服务，放弃他的话，他的情况可能会更糟糕。（受访者 E）

社会工作者应该与用人单位的系统有工作角色的边界。然而研究发现，社会工作者在嵌入式的社会工作发展体系中应该扮演什么角色并没有被明确。社会工作者进入用人单位的系统中，常常听命于用人单位领导的要求做工作，工作方向与工作内容常常具有个人主义的色彩，甚至与社会工作专业的方向与内容毫不相干。

我在职的时候就不太认同 A 院长的一些观点。为什么？虽然我可以理解很多事情处置的出发点都是源自 A 院长的行政需求，但是我从中找不到社工的角色是什么，包括社工主任在院内角色是怎样的，其实都比较模糊。我作为社工主任是院长的下属，哪些事情我有权处理，哪些事情无权处理需要向院长申请与汇报，我该如何与平行的部门沟通？这些都不清楚。也就是说，我的权限范围到底是怎样的都没有被明确，我觉得很累心。（受访者 G）

（三）购买社会工作服务的主体单位政府：对社会工作者的角色认知渐进发展

当前背景下，政府是社会工作服务购买关系中的主体。政府在购买社会工作服务后，需要社会工作者做什么，发挥什么样的作用，怎么发挥作用？笔者认为，社会工作行业发展了十余年，政府仍然没有很清楚地认识和理解上述问题，对社会工作者的角色认知仍然处于模糊状态。

行业发展之初，政府对社会工作者的角色基本不了解，更多的是与社会工作者反复共同探讨社会工作者可以做些什么，或者是按照自己的想法规定社会工作者的工作目标和任务。

用人单位刚开始并不知道购买服务后应让我们做些什么。用人单位领导对社会工作的认识很模糊，经常问：你们可以做什么？起初，我们跟用人单位领导聊得最多的就是我们可以做些什么，在沟通后用人单位领导也会提出一些需要我们做的工作，这样就结合在一起了，逐渐开展起一些服务和活动。（受访者 F）

购买方有时候不知道需要社工做什么，社工有时候也不知道自己应该做什么，因为没有一个明确的规定。比方说，民政局和社会工作协会没有规定社会工作者要具体做些什么。其实在合同里，明确标明了社工应该做什么，但是这个内容实际上没有得到大家的认可。在现实中，我认为这就是角色模糊。（受访者 B）

我去新的社综（社区综合服务中心项目）报到后到底要做什么？其实是挺模糊的。因为当时整个行业才开始推动第二批社综的使用，大家对于社综要开展的服务没有一个明确的认识，觉得社综什么都要做，没有突出重点。其实当时连机构带督导，都没有给予我们这一方面的指导，应该说当时我们什么领域的工作都做，做得比较分散，只是后来稍稍突出了老年人领域。由于服务对象比较稳定，所以后来服务的效果比较明显，口碑也好了起来。（受访者 G）

经过十余年的角色探索，用人单位与社会工作者不断互动，政府对于社会工作者的工作态度有所认可，对社会工作行业的认知也上升到认为社会工作者应该做些专业的事情。但到底如何真正发挥其专业角色的作用仍然处于摸索阶段。

我觉得我遇到的领导都挺好，至少他们是认可社工要依托自己的专业去开展服务。但在我看来这只是第一层次的认可，领导觉得你应该发挥专业作用，但是你怎么发挥作用，领导可能还不太清楚，在用人单位，还是

缺少角色定位，也就是说，用人单位没有很清楚地让你知道你可以在哪些方面发挥作用。(受访者E)

二、角色冲突：社会工作者受制于不同利益主体

角色冲突是指个体在面对多种角色要求时或个体价值、心理感受与工作职责要求不兼容时产生的心理、身体不舒适的一种状态（乐国安，2013）。角色间冲突是指当一个人面对各种不同的角色期待与矛盾要求时，即在同一个人中，面临不同的、相互矛盾的角色要求。角色内冲突是指当一个人本身对自己的地位或角色期待与他人的期待产生冲突或矛盾时，即在同一个角色内，当事者体会到的矛盾与冲突（乐国安，2013）。研究发现，社会工作者嵌入政府体制内进行专业服务，常常面对不同的利益主体。当利益主体对社会工作者提出不同的期待，或者社会工作者对自己的角色期待与用人单位、社会工作服务机构或其他利益主体提出的期待不一样时，即会产生角色冲突。

（一）职业发展初期的角色冲突

1.“理想角色”和“实践角色”的差距冲击社会工作者

“理想角色”也称“期望角色”。人们理想中的行为模式符合其特定地位、社会规范，是一个完美的角色（乐国安，2013）。而“实践角色”是指社会中的个体在其与他人互动的过程中实际扮演的角色，它受社会环境、个人素质及水平的影响（乐国安，2013）。社会工作者在没有从事社会工作实践时，受专业教育影响或受考取执业资格证学习过程等影响都会对职业角色有着自己的想象。但实际从事社会工作后，会受到个人实际专业能力不足或行业环境不友善的影响，认知到“理想角色”与“实践角色”的实际差距，从而感受到角色压力。

谈到“角色冲突”，受访者A结合初到职场上的感受，深描“理想角色”与“实践角色”对于刚毕业学生的不同要求，进而产生角色冲突的过程：“我觉得一开始作为社会工作专业毕业的学生的压力，就是现实跟自

己在学校所学的知识的差距很大。比如说，我们在学校学到的个案、小组的专业知识都会强调，包括教材里的案例都会告诉我们，我们采用专业的方法是能够改变服务对象的，我们为这些困弱群体实现了福利的提升。但在现实中，可能到了一个岗位，首先案例不多，再一个没什么时间让你服务。从理论的角度是要提升困弱群体生活质量的，但实际上你会消耗很多时间在行政工作中，在行政工作中消磨你专业服务的理想。”

受访者B谈到角色冲突，结合自己的经历说道：“领导可能会觉得他认可你，他也知道你应该去做专业的事情，但是他不知道怎么做，应该做些什么事情才叫专业。这个时候会有一些他认为重要的任务给到你，但是你又认为这个并不是专业的内容，这就是一种冲突。”

2. 一道鸿沟：社会工作者所做与政府所期待存在差异

在职业发展之初，社会工作者的角色一直处于高度模糊的状态，所以社会工作者只能依循自己受教育的经验或者用人单位的模糊指引在实务中探索着、践行着自己的专业角色。个案工作用时较长，但有质的收获；服务理念也讲求以人为本、助人自助。而政府却按照传统的社会治理方式，即以短时投入、广覆盖、少出事的标准去要求社会工作者。由此看来，社会工作者所坚持的社会工作服务与政府行政体系传统的社会管理在工作理念、工作方式方法上存在差异，社会工作者所秉持的专业理念与用人单位所期待的目标有差距，这就造成了社会工作者的角色冲突。

我印象比较深刻的是一次向用人单位领导汇报工作时，领导问我们作为社工做了些什么？我就回复他我做了一些什么样的活动，做了多少个活动，开了多少个小组，跟进了多少个个案，总之都是一些数字化的汇报内容。当时领导就提出疑问：那做这些工作是为了什么？看我有些发蒙，他接着又问：你们做了这么多要达到的效果是什么？看我没有马上回复，他便让我介绍一些案例，我就把自己觉得做得最好的案例汇报给他。汇报完毕，他问我这个案例做了多久，我回答说跟进了两年。他立刻就反问我，政府每年给你们经费（当时的购买经费好像是6万元），你花两年时间去改变一个人？当时感觉领导认为购买社工服务带来的效益很低，是一件不划算的事情。他会觉得如果举办一场大型活动，一下可以让几百人受益。但是你花了那么多时间和资源跟进一个个案，最终才使一个人受益，领导对此很不理解。我觉得很多不太懂社会工作的人，都会有这样的理解偏差。（受访者 B）

受访者 C 在说起用人单位领导对社工的期待与社工本身所做的差距时，也有同样的感受。她分享道：“我在康复就业服务中心工作，从专业的角度来看，这里的（残障）学员不但可以在中心接受服务，而且可以外出参与社会活动，（残障）学员可以慢慢融入社会。但实际上，他（中心主任）是不允许（残障）学员出去（康复中心）的，他的理由是他还有五年就退休了（不想惹麻烦），但实际到现在都没退休。当时残联的领导都认识我，比如说要挂一个什么牌子都会优先考虑到我。我刚到这个中心，残联一位领导就给我打电话说，他们要挂一个什么体育牌子，问挂在我们这里有没有问题，我说没有问题，之后沟通到中心主任那里，中心主任说我们这里不能挂，还给我打电话叫我不要老是折腾，让我自己去跟残联领导解释。还有就是（残障）学员不能出去，要把门关得紧紧的，（残障）学员不能跑、不能出事。我感觉一下子退回到几年前，我的服务怎么开展？我当时就觉得（残障）学员不出去，每天待在中心干吗？”

（二）职业发展过程中的角色冲突

1. 社会工作者在行政角色与服务角色之间拉扯

由于角色模糊，用人单位经常将社会工作者当作体制内人力资源的替补。社会工作者在专业服务的探索道路上，经常被行政角色捆绑，大量的行政工作挤压了社会工作者提供专业服务的时间和精力。社会工作者经常困惑：“我到底是谁？政府购买社会工作专业服务到底是来完成行政任务还是发挥社会工作的专业职能？”“当遇到角色冲突时，我到底该如何做？”

其实还是这个行业认知的问题，在敬老院履职新岗位的时候，我们社工肯定是想着我去那里就是做服务的，对不对？我为什么还要负责那么多的行政事务？在购买服务标书里也会规定我们要去做一些行政的工作，包括对食堂人员、保安、护工、保洁人员的管理。处理行政工作大大压榨了我们的服务时间。当时我跟（社会工作服务）机构提了很多建议，认为现在的分工不利于服务的开展，（但这个问题）一直没有被协调。我记得在进入敬老院后的头三个月甚至大半年时间，这样的情况是对我的情绪、我的生活有困扰的。(受访者G)

我的团队有人照相技术很好，有人会做PPT，画册和视频做得很好，还有人善于主持，用人单位领导就会慢慢地把他们用在行政工作上。一旦同事们做了很多行政工作，就会耽误专业服务的开展。（面对这种情况）我也不知道该怎么办，这是我无法做主的。(受访者B)

2. 社会工作者游走于各利益主体之间，冲突迭至

社会工作者属于服务对象的专业服务者，属于社会工作服务机构的员工，属于政府各利益主体购买服务的服务提供者等。研究资料显示，社会工作者的角色多元，可能需要在不同时空内满足不同利益主体的需求。

做社会工作服务的时候，我是一个资源的链接者，我要去联系很多的资源，然后给到我们的服务对象。同时，我还要应对用人单位交代的一些工作。反正我最近经常跟我的同事开玩笑，说我们作为社工，要应对的工作很多，要服务的人也很多。事实上，我们要受很多委屈，好像谁都能对我们释放情绪。对待居民和服务对象，我们肯定是要有我们专业的态度，我们把他们服务得很好，这是社会工作职业的要求。但我们还要面对用人单位，要满足他们的需求，还有机构的需求也是要去满足的。有时候就觉得我们很困弱。像我在社区里，社区很多的部门好像谁都能领导我们，这个时候我就觉得社工是很困弱的群体。我们的工作时间不是无限的，有时候不同的人对我们在同一时间段有不同的要求，我们怎么办？(受访者B)

政府购买社会工作的服务经费主要是人力的经费，因此，社会工作者需要依赖相关利益主体的资源。而在实际工作栖息地中，能为社会工作者提供资源的利益主体较为多元。例如，购买社会工作服务的主体，为社会

工作者提供工作场地的主体，可能为社会工作者提供项目物资或资金资源的主体等。不同的主体对社会工作者的工作要求有所不同。同时，当社会工作者提出的项目想法较好，符合相关利益主体的政绩期待时，相关利益主体就要对项目的过程进行干涉。他们争取获得项目的掌控权，争取让项目的业绩变成自己的最佳政绩。在这个过程中，多元主体会对社会工作者提出不同的工作要求。究竟听谁的？还是需要平衡各方的建议？这些“角色内冲突”真实地摆在社会工作者面前。受访者 D 在讲到角色冲突时提到曾经的一段经历：“我们团队在中心开发了 A 项目，在推进项目的过程中突然问题就来了。这个中心是属于某社区的，但我们的用人单位是镇街某单位。我们应该听社区的，还是听镇街单位的？这个项目其实是中心所属社区提出来的，社区认为这个项目影响力较大，我们就结合中心的专业服务把项目设计出来，镇街的单位也很赞同，但又没有资金。因为链接资金，项目就又加入了两个赞助单位。这样几个单位一起把这个活动给搞起来了……但因为参与项目的单位很多元，所以很多事情需要协调。例如，我们每出一个推文、每搞一个活动，在署名主办、协办单位的时候都很纠结，哪个排第一？沟通事情的时候先要知会哪个单位？这些问题都很敏感。”

三、角色超载：无力、无奈、迷茫与彷徨

Kahn 等（1964）提出，角色超载是因为角色的发出者对角色接受者没有办法在有限的时间内完成要求的心理和精神状态。同时，他还指出，当团体缺乏完成某项任务必要的技能、知识和能力时，也会造成角色超载。笔者在访谈中了解到，A 市社会工作者初上岗时面临能力不能适应实际的要求而引起的角色超载。在职业发展过程中，社会工作者容易面临工作上质与量的超载，以及单凭自身能力无力回应待岗、换岗或行业环境动荡不安的挑战。总体上，社会工作者的状态可以归结为“无力”“无奈”“迷茫”“彷徨”。

（一）职业发展之初角色超载的表现——无力：能力不能适应职场要求的尴尬

当社会工作者回忆起刚刚上岗、转换岗位以及面对特殊服务对象提供服务的经历时，提到最多的是无力感。初入职场，社会工作者面对不熟悉的工作环境、模糊的工作内容、专业支援的力量匮乏等状况，往往会感受到自己所学习、所掌握的专业知识不足以应付现实的情境或无权应对；还会反思自己的能力能否应对刚刚开启的职业生涯，自己的能力能否适切回应实际工作的要求。这种能力不能适应实际需求的尴尬，导致了社会工作者的“质”的角色超载。

刚毕业时，在真正与服务对象接触的过程中，你会发现你的理论体系适用性差。就是在做专业服务的时候，你可能会发现自己作为一个年轻人啥都没有，没有资源，对政策又没有吃透，能为服务对象做什么呢？这个时候你就会觉得这个（专业）体系里的理论是用不上的，还不如领导的一句话。(受访者 A)

受访者 C 是省外籍贯的社工，当回忆初来 A 市做社工的经历时她表现出一脸的无力感：“我刚到 A 市的时候，还是很难……能力也不是很强，各种压力接踵而至，第一个是白话（粤语）压力，第二个就是生活压力。作为社工，我很怕别人说原来你专业学的就是社会工作，会不会这个那个。我觉得我什么都不会。所谓个案、小组、社区（社会工作的三大方法）我都没做过，对这个专业的角色很不自信。虽然我知道我要做就要很坚定地走下去，但是那个时候我连写个方案都不会。”

一开始的压力就是自己不知道能不能胜任，比如说开第一个小组时我很紧张。因为我是比较内向的，又要带这么多服务对象去活动，所以我是很紧张的，对自己能不能用社会工作的专业知识改变一个人产生疑问。(受访者 D)

非科班出身的社会工作者压力比科班出身的更大，他们没有理论基础，在起初的专业服务中需要边学习边实践。在职业的发展路径上，因为非科班出身的背景也极度受限，这些都使他们倍感压力。

受访者 F 在访谈中回应道："因为我不是社会工作专业毕业的，所以最开始的时候，我要先学习写计划书，为了熟悉理论，开始研究教材。那时机构的业务培训比较多，开始的时候觉得学习理论有点困难，后来就慢慢熟悉了。熟悉以后我发现，非专业毕业的在社会工作领域发展还是受限的。比如说晋升督导时，晋升条件写得很清楚，督导要全日制社会工作本科毕业。晋升对我来说有点压力，对我的情绪有点影响。"

回顾 A 市社会工作发展的主要脉络，可以了解到 A 市的社会工作发展经历过几次动荡。在职业发展过程中，每一次的动荡都会导致诸多岗位的流失或增加，这就直接导致社会工作者的流动甚至流失。目前在岗的社会工作者大部分在职业发展过程中经历过多次转岗，而大多数的转岗意味着"从头再来"。很多社工反映，只要是转岗，之前的经验就不再适用，需要重新经历很多未知和挑战。转岗的社会工作者又要经历一番压力，即重新经历自我怀疑或各种角色的尝试。

转岗后举办的第一场晚会其实是不太成功的，我们的压力也是挺大的。因为活动组织得比较仓促，我们又没有举办大型活动的经验，支援也不到位，所以效果没有想象中那么好……那段时间，我们除了承受这场晚会做得不够好带来的行政压力，还要应对服务对象心理上的压力。（受访者 G）

刚刚上岗或转岗时，社会工作者会有压力。在探索专业服务的过程中，他们同样会有压力。因为没有明确的角色定位，社会工作者在面对特殊的服务对象或特殊的服务情境时，深觉没有力量以专业服务的路径为服务对象提供服务。

社工需要有专业服务决定的权力。例如，有服务对象受到家暴以后，如果我们有权力去照顾那个受暴者或者跟派出所形成一个合作沟通的机制，去开展一些真正能够保护受暴者的服务；如果在青少年离家出走以后，社工有权力对他/她的家庭进行一些干预，那服务的介入会比目前更加及时且有成效。但事实上，我们社工没有这些权力，面对一些服务，我

们感觉无力。社工没权力，地位也很低，只能埋头苦干一些力所能及的服务。(受访者 F)

受访者 E 在回忆一个外来务工人员家暴案例时表示，社会工作者无权应对一些家庭暴力的案例，在处理时经常感到无力。在服务过程中，社会工作者经常会遇到专业方法与传统的社区管理方法相冲突的情况，社会工作者没有能力与体制内的领导抗衡："之前有一个虐待儿童的案例，一个妈妈经常打小孩被邻居发现了，邻居向妇联举报，妇联找到我们去处理，当时我们是做了一些工作……可后来，我们再去联系这个妈妈的时候，她已经搬走了，是被房主赶走的。我们得知，是因为居委会给了房主一些压力。对于居委会来说，解决这些流动人口带来的问题，最直接的处理方式就是让他们不再出现在管辖的区域。因为服务对象搬家了，我们社工就没有再服务了，服务对象没有告诉我们搬到哪里了，叫我们不要再联系她了。我们再回访时，她已经不愿意跟我们接触了。"

（二）职业发展过程中角色超载的表现

1. 无奈："量"与"质"的工作负荷导致社会工作者的身心失衡

角色超载可以从量和质两方面来说明（Biddle，1986）。其中，量的角色超载主要是指角色发出者给予角色接受者过多的期望和要求，当过多的期望和要求超过了角色接受者的能力，即会导致角色接受者无法在规定的时间内完成所应完成的任务。质的角色超载主要是指角色发出者给予角色接受者的期望和要求，超出角色接受者自身的能力范围，使角色接受者无法完成任务。笔者经过访谈了解到，A 市社会工作者在职业的发展过程中，其角色超载包含"量"方面的负荷，也包含"质"方面的负荷。

在特殊的社会工作服务领域，用人单位给予社会工作者的工作任务与购买社会工作者的数量不匹配，会存在较少数量的社会工作者承担非常大的工作量的情形。受访者 E 反馈道："其实我有两年在反家暴领域压力还是挺大的。那时候要做反家暴的服务，要管理维权站点。因为我名义上是作为反家暴的负责人去那里做反家暴的项目，但是因为妇联放在维权站 2

个社工，我们一共5个社工，我既要负责管理社工，又要管理反家暴的项目，还要负责维权站的服务，所以工作量还是挺大的。而且B镇街妇联比较认可社工，也很想做事。所以，我的工作压力挺大，每天都要做很多事，妇联的事、反家暴的事，这么多的事情，就这几个人承担，每个人的工作量都很大。”

有些社会工作服务领域的工作量随着服务的进展而不断加码，令社会工作者无法喘息。

我觉得我的领导一开始的时候对我的期望可能也没那么高，当我做出一点成绩，他看到后感到惊喜，对我慢慢肯定。在他对我还没有过多的要求时，对我来说是最佳的状态，整个团队也很有活力。后来，随着我们职业能力的提升，领导对我们的要求越来越高。现在不光是我自己感到有压力，整个团队都很有压力……现在我们接了10个项目，等于每个社工手上都有两三个项目，我就有很大压力，面对同事也有压力，我觉得这是很病态的。(受访者B)

社会工作者角色中“量”的负荷存在的同时，“质”的负荷也同样存在。“情绪负荷”“程序负荷”“心理负荷”都是社会工作者在职场中所要面对的挑战。

【情绪负荷】

情绪劳动是个体在工作过程中为了表现一种“合宜”的情绪而付出的劳动（王上，2021）。社会工作者作为专业的助人者，助人活动的全过程也是其管理和运用情绪的过程，这预示着社会工作者在以人际关系为情境的工作过程中将会面临超乎常态意义上的情绪压力风险（郭锦蒙 等，2021）。研究资料显示，A市社会工作者经常在服务的过程中受到服务对象的影响，受到用人单位相关人员的影响，或者受到伦理两难的影响，从而导致个人负面情绪的超载。

我们工作中“量”的负荷不是特别大，但是很多离职的同事在谈到任职了一家新公司时，往往表示虽然很忙，但是内心不累。所以，我觉得就是我们社工的工作量有时候也不是很大，强度也不是很强，这里面的负荷，我觉得更多的是情绪上的，因为你做老年人服务，你可能就会被老年人所影响，你如果是做基层管理，就会被多重领导、多重管理的这个角色所累。(受访者A)

当说到“情绪”这一话题，曾经的社会工作者G分享了她的一段特殊经历。她认为自己没有按照最好的专业处理方法对待曾经的服务对象，对外一直压抑自己的内在情绪，甚至是处于情绪崩溃的状态，直至她离职。“那是一次紧急事件，我认为自己当时没有处理好，所以我心里的愧疚感或者说压力是没法释怀的。其实他（服务对象）来福利院时是很健康的，只是他的另一半去世了，家属怕他孤单就送他过来，所以谁都没想到他会突然离世。他的离世是在一天凌晨，当时我还在家睡觉，接到康复师的电话说服务对象在洗手间里摔倒了，头被磕到了，情况不是很好需要马上送医院。凌晨5点多，我们用急救车送他去医院抢救。当时康复师问我要不要通知其家属，我说再等一下，直到早上6点才通知家属，但那时服务对象已经不行了。当时我并没有那么愧疚，后来家属赶到后在我们面前崩溃的一刹那，我心里才有了很愧疚的感觉。因为家属说老人来了敬老院才一周就去世了，而且就因为晚上上洗手间自己摔了一跤，就这样去世了。家属说，如果我当时能早点通知他，就能够让他在老人走之前看到老人，现在都没有看到老人最后一眼。我也是对这一点比较内疚，但那时我能强忍住自己复杂的情绪，没有崩溃。谁知一周后，我很熟悉的一位老人离世了，在他离世那一个月内，接连又有几位老人离世。几位老人的离世，对我们整个办公室来说都是很震撼的，让我们在不同程度上都产生了愧疚或者不安的复杂情绪，整个办公室气氛真的很压抑。后来机构的负责人硬要我们做哀伤辅导，在辅导的那天，整个团队就崩溃了，包括我自己。崩溃之后我觉得我无法从那个环境、从那份情感中抽离。没过多久，我就撑不住辞职了。”

【程序负荷】

A市社会工作者进入工作系统后，所面对的领导较为多元。前面的研究已经指出，社会工作者可能面临用人单位的直接领导，也可能因为资源的占有而牵连到多个相关部门的领导。研究资料显示，若面对多元领导，社会工作者可能在做具体服务或具体工作时就要请示多个相关领导人，从而使申请程序变得烦冗，或者使原本非常简单的事情复杂化。而社会工作者弱权的状态和责信背景下评估的要求更加重了程序复杂的程度。在这种情形下，社会工作者就会越来越面临工作中“质”的超载的相关挑战。

事情到底是要听这个（领导）还是听那个（领导）的？简单的一个事情都会被多元领导放大。比如说买一个杯子，这件事本身是一个很简单的行为，但是可能有些领导说他喜欢买什么样的，要印个字啊，有些领导要买便宜的，那在这种情况下，你要左请示右请示，对吧？这时，一种行为变成了一种人际关系处理。然后还涉及一些流程的问题，因为你可能是作为基层的角色，在财务上没有自主权，再根据社会组织的财务公开化、透明化的要求，经手人还要保留自己财务支出的整个痕迹。全部流程走下来，其实是比较琐碎和辛苦的。（受访者 A）

【心理负荷】

研究资料显示，当社会工作者不能很好地融入嵌入式发展的工作场域之中或者工作场域较为特殊时，会产生心理负荷。

我转岗后曾遇到一个领导，他在最初就不认可我。比如说我明明是负责人，他有什么样的指示却都是直接找我们办公室的其他人，让别人把他的指示传达给我。这种情况持续挺久的，导致我内心比较压抑。（受访者 C）

反家暴项目很难且有风险，评估又比较严格，（服务）指标也重。大家都知道在妇联工作，妇联的要求也高，而且妇联对反家暴的要求是“高上加高”。其实，做这个项目的好多同事都扛不住，大家都在想为什么要做这个（高难度的项目）？去工会踏踏实实坐那里，资源也多，搞个活动，请个老师过来讲座，这种项目通常还有资助，我们只是协助一下就好了，这种社会工作多好做，对吧？（受访者 E）

2. 迷茫：“待岗”时的何去何从？

“待岗”即为社会工作者因所在社会工作服务机构暂时没有合适的政

府购买服务而等待岗位的特殊状态，这种状态在行业发展之初以及政府购买服务重新竞标更换社会工作服务机构时常会出现。大部分社会工作者经历过“待岗”阶段，“迷茫”是这个阶段的社会工作者状态的代名词。

我觉得很迷茫的就是在等合适的岗。我曾有待岗的经历，（待岗时）也不知道自己可以去什么样的岗位。其实我自己还是比较愿意继续做家庭这一领域的，可是不由你做主，但也不想去不合适的岗位，主要是没有合适的岗位嘛，然后别的机构的话，可能我也没有特别想去尝试这样的念头，所以就一直在等着……我还是比较喜欢做实务，但是等了半年我也没有等到更好的岗位。以前的岗位我也不可能再回去了，没有办法就想着还是要去尝试一下新的领域，然后就来到现在这个岗位做促进中心偏行政的工作。（受访者 E）

2012 年的时候，B 项目合同到期，人家不再续签了，然后就涉及你要去哪里。2012 年 1 月、2 月待岗，我是同年 3 月去的黄江。那个时间段很多镇街在合同到期之后就停了，社工要面对去哪里的一个问题。（受访者 C）

3. 彷徨：面对变动的行业环境，增加内心的动荡

面对充满变数的社会工作行业环境，包括社会工作行业发展的制度、政策的变动，人员的流动等，社会工作者通常都会有内心的压力，失落、害怕、担心、质疑，对于自己所在的服务岗位或项目，彷徨于坚持还是放弃的选择。

前三年，因为那个时候动荡比较大，所以有一些身边的同事就离开了，（这让我）感觉很失落。你想，并肩“作战”的同伴走了，好像只剩下自己一个人在奋斗，感觉很孤单，那时心理压力比较大的还是在这方面，（他们的离开）让（我）在服务工作中会有一些懈怠。（受访者 F）

现在想起来，起初那三四年的压力还是比较大的。那时好多同事流动，我的搭档两个月就换一次。新的同事入职，有的在这里做了几个月就主动离职，有的在评估之后被动离开。在这个过程当中，我要不断地带新人，工作压力特别大。由于人员流动大，基本上是两个人的一线服务都落

到我一个人身上。那段时间我经常加班，感觉角色超载了。（受访者E）

C服务中心做得那么好，可能就是因为重新竞标的缘故，整个标配没有了。行业中出现的这些不确定的因素，让我内心很彷徨，总在想是不是哪一天自己的岗位也会被替代或撤掉？（受访者B）

小结

研究资料显示，A市社会工作者的角色压力主要表现在角色模糊、角色冲突和角色超载三个方面。其中角色模糊体现在社会大众、社会工作者自身以及用人单位对社会工作者的角色存在模糊或疑惑的认知。在职业发展的不同阶段，角色模糊的表现有所变化，总体趋势是向好的方向发展。社会大众从刚开始完全分不清楚社会工作者与志愿者的区别，到通过体验社会工作的活动能够单向地理解社会工作者与志愿者所做工作的具体区别，表明社会工作的社会认可度在逐渐增强。社会工作者本身也在不断探索的过程中尝试职业角色的扮演，从刚开始完全不清楚怎么做，到现在在践行的过程中不断澄清与发出疑惑之间徘徊。而用人单位对社会工作者的角色扮演也从完全不知道社工做什么，到尝试在摸索中亦步亦趋地发展对社工角色的认知，给出空间让社工尝试寻找专业的角色。但总体来说，社会大众、社会工作者和用人单位三者对社会工作角色的认知仍处于不清晰的状态，需要进一步对社会工作者的角色予以清晰定位。角色冲突的部分集中表现在职业发展初期，社会工作者因为理想角色与现实角色的差距引发角色冲突，在职业发展的过程中因为游走于各利益主体之间，角色要求和期待不统一使社会工作者感到冲突。角色超载的表现既有“量”的负荷，也有“质”的负荷。具体表现为职业发展初期能力难以企及职业要求；职业发展过程中因用人单位或社会工作服务机构对社会工作者的要求越来越多，工作量越来越大，以及关键事件的发生，例如政策变动、岗位更换、待岗而引发的无力、无奈、迷茫和彷徨（详见表5-1）。

表 5-1　职业发展不同阶段社会工作者的角色压力类型与表现

角色压力类型	职业发展阶段	
	职业发展初期（任职 1~2 年）角色压力表现	职业发展过程中（任职 2 年以上）角色压力表现
角色模糊	·社会大众对社会工作（者）认知程度较低 ·社会工作者对自我角色的模糊：懵懂 ·用人单位对社会工作者：不了解	·社会大众对社会工作（者）片面化了解 ·社会工作者对自我角色的模糊：疑惑 ·用人单位对社会工作者片面化了解
角色冲突	·“理想角色”和“实践角色”的差距冲击社会工作者 ·一道鸿沟：社会工作者所做与政府所期待存在差异	·社会工作者在行政角色与服务角色之间拉扯 ·社会工作者游走于各利益主体之间，冲突迭至
角色超载	·无力：能力不能适应职场要求的尴尬	·无奈：“量”与“质”的工作负荷导致社会工作者的身心失衡 ·迷茫：“待岗”时的何去何从 ·彷徨：面对变动的行业环境，内心的动荡增加

资料来源：研究者整理。

第二节　社会工作者角色压力形塑的影响因素

从哲学视角来看，世界上万事万物皆有联系，不存在独立的个体。社会人不可能脱离社会，一个问题往往会与很多其他的事物联系在一起。以生态系统视角的社会工作看来，个人与环境始终处于相互转换的过程中，个人的成长并不是以直线的方式，从需要的起点到目标的终点，而是发生在与环境相互影响的过程中（童敏，2019）。个人与环境相互影响，这样，个人与环境就构成了生态视角的一个基本观察单位，二者是不可分割的整体（Greene，2008）。本研究以生态系统理论视角为主轴，试图通过社会工作者与其职业栖息地的相互影响、相互转换的视角来探索社会工作者在职业生涯中角色压力形塑的影响因素。

一、初入职场时社会工作者角色压力形塑的影响因素

（一）微观面向影响因素

1. 社会工作者个体对职场环境的不了解

研究资料显示，初入职场的社会工作者因对政府购买社会工作制度的运作机制和社会工作的职业环境均不了解，出现了困惑与冲突。

我是A市第一批社工，我们被机构聘用以后足足待岗了三个月。当初被机构录用之后，我还挺开心，但是迟迟没有上岗，我就很疑惑。后来才知道，机构有岗位才能上岗，机构有没有设置岗位跟政府有没有跟机构合作有关系。当初去应聘的时候，没有人告诉我这些，直到自己遇到了才知道原来是这样一回事。（受访者B）

2. 专业能力、沟通能力与语言能力的不足

研究资料显示，社会工作者初入职场时专业能力、沟通能力不足是角色压力形塑普遍的因素。而社会工作者如果是来自其他省份，则比起初入职场的广东省籍的同行需要额外面对语言能力不足、不了解当地文化脉络等导致的困境。

来到新的岗位，我感到压力很大。领导每次开会都讲白话（粤语），我不是不想听，也不是不想学，而是根本来不及学。我们团队其他成员虽然不是本地人，但都来自广东省内，都会讲粤语，（在语言这块）我觉得压力很大。每次开会我都不知道领导在讲什么，（那种心情）你明白吗？还有就是对当地文化的陌生，让我不敢接个案，不敢到服务对象家里。我记得第一次去家访，我真的不知道从何聊起，因为我没有在广东生活的经历，不了解当地的文化。（受访者C）

记得我刚上班的时候，我们团队不论谁遇到了要与用人单位或者机构沟通的情况，都会产生畏难情绪，因为不知道要先跟谁说，怎么去说？有同事

因在沟通顺序上出了问题，一直被用人单位领导批评不懂事。(受访者 B)

(二) 中观面向影响因素

1. 督导：对新手督导的缺位，增加了新手的角色压力

对于刚进入社会工作行业的新人来说，其对于职业环境、工作内容、工作角色等都是陌生的，很容易产生不自信的情绪，不知道自己所学能不能应对工作要求，不知道自己所做是不是用人单位或社会工作服务机构所期待的。因此，在这一特殊时期，非常需要“引路人”带领自己熟悉全新的工作环境，应对全新的专业服务场域。这个“引路人”即为社会工作督导。社会工作督导是管控和提高专业服务质量的重要机制（曾华源 等，2016)。督导可以实现管理服务的输送，促进社会工作者的专业发展以及聚焦社会工作者的任务（曾焕裕 等译，2015)。但研究资料显示，新上任的社会工作者往往并没有社会工作督导指导工作或因为督导资源匮乏导致接受督导的机会不多。对新上任社会工作者的督导缺位，导致其诸多角色压力的陡增。

我现在回想起来，那个时候如果有督导，我应该很快就会自信起来。当时我就觉得督导、助理离我好遥远啊，连组长我都觉得肯定做不了。我是我们团队第一个做小组活动的，团队也没有因此鼓励我，到后来，我才慢慢地可以完成工作的指标。那时一年要开 6 个小组、跟 30 个个案，压力真的很大……如果当时有督导告诉我“你做的两个个案很了不起”，我可能早就树立起了自信心。虽然我做的事情都是应该做的，也没有什么出彩的地方，但如果有个引领我的人，我就会觉得很有信心，也会看清前进的方向。那时大家对于专业服务都没有经验，领导却急于看到成效，所以我们整个团队压力很大、士气低落。(受访者 C)

2. 社会工作服务机构：缺乏如何开展专业服务的持续引导

社会工作服务机构是社会工作者的直接聘用单位，负责聘用、管理和培训社会工作者，使其能够胜任所在岗位的期待和要求。研究资料显示，社会工作服务机构在初次聘用社会工作者后能够给予基本的岗前培训，通

过培训让社会工作者了解机构文化、行政制度等，但缺乏对如何开展专业服务方面的持续引导。

待岗的时候，机构给我们做了一些培训，但是那些培训只是涉及机构的文化和办事流程。我知道这些也是有必要的，可以增进我们对机构的了解，提升归属感，但缺少相关专业的培训，以至于我们到岗位后，在没有督导的情况下，不知道该如何开个案，如何与相关的工作人员打交道。如果机构当初在这些方面能够再安排一些实务培训就好了。(受访者 D)

我记得机构会统计我们的月计划、月报表，然后一个季度开一次例会，就是所有社工从各自岗位回到机构，机构领导通报近期的机构动态或者让社工分团队汇报工作。机构最开始针对新入职社工还有一些关于服务的培训，到后期就很少了。(受访者 E)

3. 社会工作者目标与用人单位目标有所差异

研究资料呈现，社会工作者特别是接受过社会工作专业高等教育的社会工作者，往往是带着专业理想进入职业栖息地的。初入职场，社会工作者会思考如何推进专业服务、专业服务如何开展、怎么才能有效开展等问题。但是到了社会工作场域，用人单位要么将社会工作者（半）行政化，要么在开展服务的过程中，实际工作与社会工作者的服务目标、理念等有所差异。

刚上班那会儿，我还是挺期待自己能做点理想中的专业工作的，比如开小组、做活动，但是我们工作团队的成员在上班后的很长一段时间内都在给用人单位的办公室打杂，早上要派发报纸，然后打扫办公室卫生……之前，从来没有想过社工在专业岗位上要做这些工作。(受访者 E)

（三）宏观面向影响因素

1. 高校社会工作教育：教育与职业的脱节

高校是培养社会工作人才的沃土。高校的培养质量直接影响社会工作行业从业人员的素能。研究发现，高校社会工作教育未与职业接轨；学校教育的知识尚属于知识型知识，对职业能力的培育不足；高校社会工作专业的教师对社会工作行业的了解不充分，没有直接或者间接参与社会工作实务的经验；同时，高校社会工作行业实践性教育不足等原因造成了社会工作者在就职之初感到角色压力，主要体现在职业发展之初的角色模糊与角色冲突方面。

如果当初在学校的专业学习能够提前跟职业接轨，那参加工作后可能压力会小一点。（受访者 A）

（上大学的）第一天，系主任给我们开学生动员会，结果连他自己都讲不明白社工是什么。2005 年我被大学录取时，我们专业才建成 3 年，建成的前 2 年，很多老师都是学校经过一番努力从其他专业调过来的，直到我们这届，学校才开始去调社会工作专业的老师过来教学。那时，社会工作专业服务基本没有开展，根本没有可以引用的案例，老师讲课的内容全部来自书本。我大学时能拿到奖学金，都是因为我理论知识学得好。具体在实践中如何开个案、做小组，都是我后来做了很多的调研才明白的。那时我被安排到居委会实习，每天除了负责扫地、擦桌子、烧水、张贴公告，就是跟那些前辈一起做行政事务。直到毕业，我都没有做过专业的实践。（受访者 C）

在大学的时候确实很少有实践的机会。有试过开小组，但都是自己模拟的，跟现实生活中不太一样。书本上的理论我很清楚，但在实际工作中却不知道如何下手，所以就会产生迷惑。（我曾觉得学）扎实一点才有底气，但是后来发现（在职业领域）只具备知识并不够，还要具备很多其他方面的能力。这就涉及社会工作专业的学生毕业时应该具备怎样的能力才能够在行业里适应环境、自我成长的问题，这是当前高校教育要考虑的问题。（受访者 D）

2. 职业身份认同度低

职业身份认同度低始终存在于社会工作职业发展过程中。研究资料显示，在社会工作职业发展之初，社会工作者初入职场时，社会上几乎不知道社会工作是一个职业。社会工作者在与所有利益相关人沟通时，都要介绍一下社会工作是一个什么样的职业，有时甚至要转换角色才能被利益相关人所接受。职业身份认同度低对社会工作者造成了困扰，形成了角色压力。

记得去C镇街担任社工的第一年，我当时要跟用人单位解释什么是社会工作，在志愿者培训时、遇到服务对象时要先解释什么是社工。我那时设计了几个版本，以便在遇到不同的对象时选择对方能听懂的话语去解释社会工作。我也不知道解释之后他们能不能明白。这种环境真让人心累。（受访者A）

有一次，我与政府其他合作单位通电话，我介绍我是青少年社工某某，接电话的工作人员反复问了两遍我的身份，语气很不耐烦。后来，我说我是团委的工作人员，对方马上听明白了，语气也变得正常了。不知道是我敏感还是怎样，那一刻我感觉很不舒服。（受访者B）

二、职业发展过程中社会工作者角色压力形塑的影响因素

（一）微观系统下角色压力形塑的影响因素

人格特质理论认为，个体间的特质差异是影响压力觉知的重要因素。在人格特质研究中，与个体多样性寻求、探索性寻求等相关的一些个人特征，如个体年龄、职位、主动性、乐观性、工作经验等被认为是形成压力的个体因素。研究资料显示，A市社会工作者在角色压力形塑过程中受个体影响的因素有年龄、对专业价值实践的追求、对职业发展瓶颈的感知力、工作角色的多寡、个性。

1. 年龄越大，面对变动的职业环境产生的压力越大

社会工作属于新兴行业，经常变动的环境导致很多社会工作者经常面临岗位被撤掉、升职换岗等情况。受访的社会工作者表示，年龄大了若工作仍然不能趋于稳定，角色压力便会越来越大。“年龄大了真的是无法应对这个变动的环境……你知道大家其实都求稳定，因而这种不确定性造成的困境对大家的影响还是比较大的。安心工作，和不知道明天会怎么样，

不知道这个职业以后会怎么样，带来的心情和状态是不一样的。（这些变动）包括岗位调动，各种因素（交织）在一起的不确定性会造成你掌控不了（的局面）。还有同事的调动，也会给留下的人造成很大的心理压力。”（受访者 A）

2. 对专业价值实践越有追求，角色压力越大

社会工作是一个强调价值的专业。研究资料显示，在职业场域中，社会工作者对专业价值越有追求，就越容易产生角色压力。

我们的压力其实还是来源于自己想去争取一点专业的空间，但争取得越厉害，压力就越大。如果社工随遇而安，（对其来说）也就没那么大的角色压力了。你要想把工作做好，就要付出更多，去争取更多的自主性，但你的压力就随之会更大。很多同事在一直坚持，就是因为怀着专业价值的情怀和对专业理想的追求。我感觉专业的社工在专业层面，可能会有更高的追求。而非专业的社工则有两种类型，一种只是把社工当成一份工作去做，所以对于专业与否，有没有体现专业元素，其实不太在乎，就觉得这只是一份工作；另一种就是在专业上比较有追求。（受访者 E）

如果你有追求，你可能就累一点；你要是看得开，觉得在哪儿都是一份工作，就会活得潇洒一点。（受访者 F）

我觉得社会工作者是一种特别强调责任感的职业，体现了一种专业价值。我的朋友包括我以前的一位督导说过，我是那种（专业）包袱比较重的人，就是比较在乎别人的看法。以前我会担心他（用人单位的领导）认为我不负责任、能力不行，所以在这方面，我压力比较大。（受访者 B）

3. 社会工作者对职业发展瓶颈感知力越强，角色压力越大

社会工作者在工作发展中因为非专业毕业背景或因为职业发展迷茫，会感受到职业瓶颈带来的压力。

非专业毕业的 G 在谈到为什么离职时分享了其中一个原因——学历限制了自身专业的发展，感知到自己的职业发展瓶颈。“因为我很明白自己到了知识的顶层，我的知识层面局限了我的发展，所以我觉得如果是专科

出来的人，要从事这个行业，是要有一定的理论架构来支撑的，此外还有价值伦理。虽然我读了成人教育的社会工作本科，但对于我来说那是混出来的，含金量不高。”

受访者F谈及职业发展时认为，自己的专业与学历都不能符合职业晋升路径规制的要求，感觉想要改变但为时已晚。“我发现非专业的社工在个人（职业）发展方面还是有一些受限。比如说晋升督导的要求，有一个限制写得很清楚，就是需要社会工作本科及以上学历。我是非专业的，晋升督导对我来说有点难了，所以，我做到中心主任已经感到是职业的天花板了。”

与受访者G和F不同，受访者B专业、学历都符合职业发展的要求，但因为其一直努力，已晋升到职业发展的最高峰，故也存在迷茫。“我现在也有压力。我做社会工作11年了，得到过‘行业领军人物’的荣誉，也考取了高级社工资格，现在准备面试了，但我经常会想，我以后要怎么样，我要做些什么？是不是一直在这样的岗位，还是调到另一个岗位，调岗后我的职业规划会发生什么变化？这就是我的压力。”

4. 工作角色越多，角色压力越大

研究资料显示，随着个人职业生涯的发展，个人的工作角色越多，工作任务就越多，角色压力就越大。社会工作者的角色压力主要体现在角色冲突和角色超载两个方面。

目前看来，社会工作者的职业结构相对成熟。一线岗位主要负责服务。项目负责人，特别是作为中心主任，还要对资金进行管理，也就是说除了做项目计划，项目负责人还要考虑应对评估，包括评估的模型、成效的评估和风险管理。其实以前这些工作我都没做过，就像岗位项目化，这些是我觉得比较难的。还有就是在管理方面，我以前的岗位只有4个人，后面增加到6个人，就是4名社工、2名助理。但是后来却一下子来了10个人，我要做这么多人的管理工作了。(受访者B)

前两年我是居家养老服务的主任，与用人单位沟通比较多。用人单位

给我们增加了好多行政、服务方面的内容，工作压力比一线社工大了很多，这些压力主要是靠自己去缓解。(受访者 F)

5. 乐观的性格，弱化角色压力的感知

个人特质会影响社会工作者如何看待社会工作行业发展以及社会工作者的角色压力，乐观的性格可以弱化角色压力的感知。受访者 A 拥有乐观开朗的性格，他对于角色压力的感知并没有那么沉重。他表示："感知角色压力，我觉得与个人素质和个性这些综合素能关系是很大的。以我自己来说，我本身对宏观事物比较用心，抗压能力也还可以。而有一些（社工）可能关注的焦点是比较微观的，他的角色压力感知就会比较强烈。"

（二）中观系统下社会工作者角色压力形塑的影响因素

1. 用人单位：多头管理，强/弱控制

用人单位是社会工作者日常开展专业服务的指导单位，其领导的管理模式、行政工作的要求，其领导对于社会工作（者）是否重视等，都是社会工作者在角色践行过程中极其重要的因素。

多头管理是用人单位普遍存在的管理社会工作者的模式。多个领导、多个要求，让社会工作者在做同一件事情或同一个专业服务时不知道应该听谁的，这显然会形成一种长期的压力。受访者 A 说："不同利益相关方会给我们的工作带来很大的压力。在实际工作中，还是建议不要多头管理。多头管理让我们扮演更多的角色，导致各种角色之间的冲突，这也就是我们压力的源泉之一。"

用人单位领导之间沟通的不顺畅也会增加社会工作者的压力。"我们的负责人是有直接领导和间接领导的，如果他们之间沟通不顺畅，我们就很难做了，处境就比较难，压力会比较大。比如，同一件事情到底要遵循哪位领导的意见？两位领导意见不统一，听谁的？"（受访者 E)

随着社会工作者角色的践行，控制力较强的用人单位最直接的感受是购买社会工作者为政府增加了工作人手。因此，很多用人单位会将本身的行政工作转移到社会工作者身上。社会工作者上岗后，行政化的工作内容会逐渐增多。“渐渐地，我感觉行政化的工作变得更多了。用人单位除了要求我们做社会工作专业方面的服务，还要求我们配合完成行政方面的工作。我们的项目不断增多，（用人单位）行政工作也要完成。”（受访者F）

有些用人单位为了自己的政绩非常重视社会工作者的工作，而有些用人单位只看到购买社会工作给他们的财政增加了压力，两种境遇下的社会工作者的压力来源截然不同。“用人单位给我们很大的压力，领导有政绩要求，他觉得社会工作者可以出很多成绩帮助他们，因此不断敦促我们设计新项目。而有一些社工的压力跟我们完全相反，就是因为他们的用人单位完全不理社工，不理社工就等于完全不支持要开展的社会工作。用人单位不支持，社工开展服务是很难的。因为我们本身服务经费很少，没有资源根本做不了事情。没有用人单位的支持，社工要花费很大的精力去链接服务资源，而且很难取得服务效果。所以，这两种极端都会给社工带来很大压力。”（受访者B）

2. 服务购买合同：形同虚设，缺乏本质指引

服务购买合同是政府或用人单位与社会工作服务机构签订的购买合同。服务购买合同的内容包含双方的责任与义务、购买服务的起止时间、购买时间内服务的维度和量化指标、购买社会工作的人力数量和资质以及购买金额等。研究发现，用人单位在合同的实际执行过程中，往往仅仅依据合同确保服务人员数量和资质、购买服务金额；至于服务的指引，合同上的相关条款则形同虚设。因为合同中没有标明角色定位和工作内容的具体职责，也没有确认服务指标的上限数量，因此用人单位往往就会自作主张去引领社会工作服务发展方向，从而造成社会工作者的角色模糊、角色超载。

特别是在社综的社工，因为全领域都是社工负责，就算有合同，这个合同的内容谁去认同它？所以，我觉得角色模糊是一个很大的问题，就是社工做什么，要依据领导的喜好，没有人去对合同做监管，每位社工的服

务数量、服务形式都没有具体规定。角色模糊导致社工不停地尝试。合同的指标对于我们来说形同虚设。(受访者 B)

3. 社会工作服务机构：有心无力的弱支持

社会工作服务机构是社会工作者的直接聘用单位，也是用人单位与社会工作者的沟通桥梁。社会工作服务机构理应与用人单位保持友好关系，负责培训社会工作者并确保社会工作者对所在岗位的职业胜任力，在社会工作者践行角色有困难时给予支持与关怀。但在研究中发现，现实中社会工作服务机构与用人单位的权力不对等、机构管理经验不足等造成了社会工作者的角色压力。

社会工作服务机构在社会工作者感知角色压力时偶尔会提供一些鼓励或信任的精神支援。受访者 D 分享道：“(机构) 会适当提供一些平台，组织我们放松，去培训，去团建，但更多的是救火式的支持，甚至有些社会工作者没有感受过机构的支持。”

机构在成长的节点上会鼓励你，会通过打电话或者发微信跟社工沟通。比如会跟你说，你可以的，加油！但机构不能给到 (真正) 的什么 (支持)。当时可能机构对我特别信任吧，反正就是我没有感受到机构给到我很多的支持，我 (觉得) 自己处于很游离的状态。(受访者 B)

机构对社工的认可、尊重和关怀我都没有体会到。可能只是去看看你，跟你聊一聊、谈一谈，除此之外就没有更多的关怀了。或是说出问题了，救火式地去解决一下。反正就没有更多的支持性倾斜，比方说预防式的一些关怀和支持。(受访者 E)

我觉得那个时候真的就是没人支持，就是得不到支持。从机构这个层面我觉得给到社工的支持真的很少，因为机构的重心都在谋生存。(受访者 C)

社会工作者受聘于社会工作服务机构，对社会工作服务机构的支持是有需求的，对社会工作服务机构的生存现状和发展阶段的特点有着深刻的理解，而这种理解加重了社会工作者的角色压力。“感觉机构在用人单位面前，尤其是在用人单位的领导面前没有什么话语权，所以也只能这个样子。其实机构对社工的支持不大，反而是同事间的开解和自我疗愈比较重要。”（受访者E）

在谈到是否需要社会工作服务机构支持时，受访者B结合自身的工作经验深刻描述道：“其实真是需要这种支持，我希望机构能够跟用人单位谈一谈，帮我们争取一些权益，看到我们受委屈时能够去保护一下我们。但是我们非常清楚，机构做不到。机构在社区的地位远不如我们社工……机构其实也在尽力地去做支持性的工作，也会很尊重我们、认可我们，也会给我们成长的机会，但是我认为有些支持是不及时和不足够的。因为就话语权来说，机构没有什么地位，没有人听机构的意见，购买服务方永远是最大的。所以（机构）也是很困弱的，比起我们社工来说，我觉得（机构）更困弱。再者，机构那么多服务点，给谁支持？如果出了问题，机构肯定要支持，但不出问题就会很少来关心。”

社会工作服务机构不但因为没有话语权给不了社会工作者有力支持，有时还会因为自身管理经验的不足给社会工作者带来角色压力。“我们机构是按领域管理。现在A领域就是完全让我们自己来管理。我觉得有一点就是，其实我们跟机构是断裂的，机构认为交给我管理了，好像就跟机构没有关系了……我就觉得机构这种（管理）不规范，缺少了很顺畅的沟通、交流或者规划。你不管我，我的支持感就少，我的压力就大，因为什么都要我们自己去面对，是不是？”（受访者C）

信息技术对角色压力的影响有5个维度（技术不确定性、技术入侵、技术复杂性、技术不安全性和技术超载），这5个维度会导致员工感知到更多的角色超载和角色冲突（Tu et al.，2007）。社会工作服务机构在发展过程中为了提升服务管理的成效，形成无纸化服务管理，开发了具有管理服务痕迹的App系统，但系统设计的不成熟给社会工作者带来一定的压力。“评估主要是文书方面，机构应对评估的文书需要在新开发的App上完成，这就造成社工的工作量有所增加。我们机构也用了App，所有文书都要上传（系统），而系统本身还不太成熟，在文件修改、系统的稳定性

方面也有待改善，所以需要我们社工花一定的时间去处理这个事情。”（受访者 F）

4. 社会工作协会（以下简称“社协”）：缺位的角色，不见的功能

社会工作协会是社会工作行业的代表，理应发挥组织、协调、服务和监管的职能。但实际上，社会工作协会没有很好地引领社会工作行业的专业化发展，面对社会工作者的角色压力没有起到很好的缓解作用，反而加重了社会工作者的角色负担。

做得好的社协、社联会经常（引领全市社工）举办一些比赛、创投(项目)、专项项目，然后去开办论坛，做很多这些事情。但是我们的社协很少做类似的工作。(受访者 B)

我们的行业协会，没有发挥其应有的作用。比如说为社工减压、帮助社工的成长这方面的活动，就很少举办。之前好像有来自中国香港的督导做过关于社工职业倦怠的一些培训，后面做了两期就不做了。我觉得这是一种失职！他们的想法是不提压力就没有压力，但实际上大家的压力都还挺大的。(受访者 E)

我觉得我们的社协在行业支持（情感支持）方面举办的活动真是太少了。(受访者 A)

（三）宏观系统下社会工作者角色压力形塑的影响因素

1. 制度：非明晰化的规制，未形成对行业的有力保障

制度是以规则或运作模式来规范个体行动的一种社会结构。在 A 市社会工作发展之初，政府出台了多项购买社会工作服务的政策、制度以及实施办法，建立起“1+17”的配套体系，逐步构建起发展规划、购买制度、考核评估、继续教育、注册登记等多方面的社会工作行业制度体系，对 A 市社会工作的持续有序发展具有重要指导及推进作用。但政府制定制度和更新、完善制度的基础是追随深圳市社会工作制度的发展内容，并没有根据 A 市实际情境制定自身的保障和推动社会工作发展的相关制度体系。研究发现，A 市社会工作行业的政策与制度虽然在一定程度上引领了行业发

展，但规制的内容过于宽泛，各用人单位重视社会工作的程度视领导个人特质而定；职业角色规制不清晰，导致用人单位与社会工作者对角色的认识非常模糊；购买机制不成熟，导致岗位或项目随时都有中断的风险；薪资体系无差别化、投入与回报的不对等，导致社会工作者感到不公与倦怠。

行业制度的规制非明晰化。政府到底要不要重视社会工作、如何重视社会工作，如何将社会工作与政府的社会治理相结合，政府应给予社会工作行业发展哪些具体的支持等问题都没有在制度内容中予以明确规定。

我觉得从大环境来看，其实这几年政府没有重视这个行业。我觉得刚开始的时候，我们第一批社工有很多学习的机会，整个行业发展得很快。现在对社工的要求、服务标准定得很高，却没有给予同级别的支持。（受访者 G）

用人单位购买社会工作服务做什么？到底要让社会工作者发挥什么样的角色作用？这本是制度里应该明确的内容。但事实上，A 市社会工作行业发展了 13 年，至今仍没有形成社会工作独立的角色内容和规范。“我们（社工行业）没有建立自己独立的角色内容和规范，要契合机构，又要契合购买单位。”（受访者 A）

每个用人单位及其领导对社工的要求、定位都不一样，有些可能觉得你在这里帮助做好我部门的事情就可以了，有些可能会希望你做得更好，但是你具体在哪方面能做或不能做，他也缺乏认知和规划，再加上确实也没有太多的资源，只是想让你做好而已。我认为，对社工的定位要清晰，角色要明确，不要让社工靠猜、靠试来理解。（受访者 C）

新冠疫情防控期间，没有明确社工的角色和位置，社工要以自己的认识去发挥作用。对社工的任用要有一个明确的方向，规定社工能起到什么样的作用、能扮演什么样的角色，给社工设置一些固定的岗位，而不是说像志愿者一样，这里缺几个人做核酸，你们赶紧去支援吧！当然社工也不是不可以去协助做核酸，但至少要知道社工最核心的价值是什么。（受访者 E）

制度中关于用人单位购买社会工作服务机构的专业服务没有明确的细则，导致用人单位或服务购买单位一旦更换领导，岗位或项目就可能会中断或者更换机构，社会工作者因而面临换岗、待岗或下岗的危机。不稳定的环境给予社会工作者很大的角色压力。“（在这方面）还是希望有个稳定性吧，因为社工感觉还是不稳定，发展12年以后，到今天还是会面临随时撤岗、随时停止服务的窘境。”（受访者F）

受访者A同时分享道：“政策、制度要稳定，经常改动就会为社会工作带来一定的压力。我的岗位是不是到期就不能续签了？我的项目做到什么时候就撤掉了？同样的项目，是不是经费会有变动？……这些都会给社工带来不小的压力啊。”

工资决定机制是社会工作职业化制度建设的重要内容（徐道稳，2022）。十几年来，A市购买社会工作服务的价格上升缓慢，一线社会工作者的到手工资从最初的每月3900元左右调整到现在的每月5000～6500元，“五险一金”则一直是企业中的最低标准。谈到行业制度，受访者E和受访者A均提到了薪资体系的问题。“很现实的薪资体系，使社工在整个社会中算是低薪阶层。社工实际的低收入与社会对社会工作的高期待是不匹配的。”

我们对特殊领域社工的要求很高，但并没有因此给此类社工的工资涨高一点，或者说给予他们一些特别的待遇。有些（社工）坐在办公室一边喝下午茶一边工作，有些领域的社工做得那么辛苦，但他们却拿着一样的薪资，这确实会产生一些不平衡。心疼做得比较多的社工，但是也没有（解决的）办法。要把这个事情做好，你就要去付出，但是这种付出是没有相应的回报的，在别人眼里可能就是无差别的劳动。所以特殊领域的社工更容易产生倦怠，他们希望岗位流动，也可能是出于这个原因。（受访者E）

2. 职业地位边缘化，职业角色未被认同

2004年，劳动和社会保障部办公厅印发第九批国家职业标准，明确了社会工作作为一种职业标准，并将这一职业群体界定为具有专业的价值理念——助人自助，具有专业的方法——运用个案、小组、社区等，以挖掘个体或社群自身潜能，从而协调社会关系、解决或预防社会问题，以促进社会公正为职业的专业助人工作者（赵迪，2021）。在职业分类中，社会工作者应当和教师、医务人员、律师等同等成为具有专业资格认证的人才，从理论上讲应该具有同等较高的社会声望和社会地位。然而研究发现，社会工作者在角色践行的过程中一直感觉自己的社会地位比较边缘化，职业角色也从未被真正认同。因此，社会工作者经常感觉到无奈、无力，感觉辛苦无法被认可，从而产生角色压力。

我觉得社会地位（对社工来说）是非常重要的。公务员很忙很辛苦，也有很多压力。但是有一点永远比社工优胜，就是他们的社会地位高……做到最好的社工又能怎么样？你的话语权都比不了科室的一位公务员吧？就连刚进入高校的非专业的老师，其对于社会工作的评价，人家都会更认可。（受访者B）

……还是（社会工作）整个地位的困弱。作为督导，在社工当中，我是最有话语权的。但是社会工作在整个社会就是没有话语权的。所以有时候就很矛盾，在社会工作界大家都觉得你已经是非常有经验的一位前辈了，获得了各种荣誉，有地位，但可悲的是，就算是我这样的社工还是什么都做不了，遇到一些（需要改变的）情境，还是没办法去改变，这也是一种压力。（受访者C）

受访者A从社会运作结构的角度，去看待社会工作者被社会边缘化的原因。他说："我们会理解社工助人自助是很伟大的，但是当你真正了解社会现实的运作结构之后，你就会发现社工是一个很边缘的群体和角色，是没有办法跟体制内工作人员、教师那些引领社会认知的角色比较的。虽然你说你跟他们一样伟大，甚至你说你的道德出发点比他们更高，但在社会现实中你就是很弱小的这样一个群体。"

3. 评估：服务导航标的的设置为社会工作者增压

评估是为了检验社会工作者提供的专业服务是否达标、服务质量是否合格的手段，有助于帮助用人单位看到购买社会工作服务的成效，同时也有助于社会工作者更好地总结、梳理与反思自身的专业服务，以便更好地推动社会工作专业服务的发展。社会工作服务评估的目的是以评促建，但研究发现，A市社会工作的评估虽然对社会工作者的服务有一定的引导作用，但实际上却因为评估指标设置的非科学性为社会工作者带来诸多的压力。

受访者F肯定评估本身的正面作用，但对发展至今的评估标准无差别化表示有压力："其实评估对一个项目来说是有正面作用的，对项目来说也是一个展示的机会，（发挥了）很好的作用。不过对评估主体专不专业这个问题就有待商榷……现在的评估是用一套标准去评估所有人，而实际上每个点的区域性会造成实际情况不同、服务对象的特点不同、服务范围有差距。在服务过程中，我是按照评估标准去做、拿高分，还是按照实际情况开展服务、拿低分？面对这种矛盾我很有压力。"

受访者A谈道，在A市，评估方起到很重要的引导性作用，但是由于评估体系的维度偏向学术化，引导发展的建议空泛，因而评估并没有真正起到引领社会工作实务发展的作用："A市相关部门和相关的高校在这方面没有起到引领作用，这就是需要我们实务工作者去寻找自己的方向。但实务工作又被评估体系所引导，评估标准怎么定，我就要怎么做，因为我要评高分啊！按照评估标准去做，你会发现服务的同质性很强。所以从整体来说，我觉得评估方在A市对行业发展的影响、对一线社工的影响，会比邻近城市更大，一线社工一谈评估就色变。我也看到过一些有引导性的建议，但是通常不贴合实际，没有借鉴的价值。有的高校组建的评估中心，本身就不具备引领行业发展的水平，评估标准设置得也不太专业，这样的评估中心和评估标准给社会工作者带来的压力更大。"

评估方的评估是为了维护社会工作者的利益，促进社会工作行业的发展，还是为了评估方自身的生存，抑或是为了维护服务购买方的利益？评估的最终目的是什么？当谈到评估意义时，受访者B讲道："有时候经常就觉得在A市，社工的利益相关方很少能看到社工做得比较好的地方，站在社工的角度为社工说话。包括评估中心，我觉得评估中心应该是能够客观地将社工服务的整体情况展现给政府的，但他们通常将不好的方面反映给政府。政府因此就会认为社工发挥不了什么作用，就不再给社会工作服务那么多的支持了。”

小结

研究资料显示，社会工作者角色压力形塑的影响因素包括微观面向即个人因素、中观面向即机构组织因素、宏观面向即外在环境因素。在社会工作者职业发展初期（任职1~2年）和职业发展过程中（任职2年以上），这些影响因素的具体呈现内容有所异同（见表5-2）。在职业发展之初，形塑社会工作者角色压力的微观面向即个人因素，包括：社会工作者自身对职场的认知不足、语言能力不足、不了解当地文化脉络（外省社会工作者），中观面向即机构组织因素，包括：社会工作者拥有较少的督导支持、所属机构缺乏如何开展专业服务的指引、聘用单位与社会工作者的工作目标存在差异；宏观因素即外在环境因素，包括：高校教育与职业实践的脱节、职业角色认同度较低。在职业发展过程中，形塑社会工作者角色压力的微观面向即个人因素，包括：年龄、专业情怀、个性、担任角色的数量，中观面向即机构组织因素，包括：社会工作者与政府用人单位以及社会工作机构的领导互动关系、特殊领域的专业服务要求、形同虚设的合同、社会工作机构与社会工作协会的弱支持，宏观面向即外在环境因素，包括：社会工作购买制度非规范化、社会工作者的社会地位边缘、职业角色认同度较低、评估指标设置不合理。职业角色认同度低是社会工作者角色压力形塑影响因素中一直存在的外在环境因素。

表 5-2　社会工作者角色压力形塑之影响因素

职业发展阶段	角色压力影响面向	形塑角色压力之具体因素
职业发展之初（任职 1~2 年）	微观面向-个人因素	·对职场的认知不足 ·语言能力不足（外省社会工作者） ·不了解当地文化脉络（外省社会工作者）
	中观面向-机构组织因素	·较少的督导支持 ·所属机构缺乏如何开展专业服务的指引 ·聘用单位与社会工作者的工作目标存在差异
	宏观面向-外在环境因素	·高校教育与职业实践的脱节 ·职业角色认同度较低
职业发展过程中（任职 2 年以上）	微观面向-个人因素	·年龄 ·专业情怀 ·个性 ·担任角色的数量 ·对职业瓶颈的感知 ·专业背景
	中观面向-机构组织因素	·社会工作者与政府用人单位以及社会工作机构的领导互动关系 ·特殊领域的专业服务要求 ·形同虚设的合同 ·社会工作机构与社会工作协会的弱支持
	宏观面向-外在环境因素	·社会工作购买制度非规范化 ·社会工作者的社会地位边缘 ·职业角色认同度较低 ·评估指标设置不合理

资料来源：研究者整理

第六章

社会工作者因应角色压力的模式

因应是个人受到伤害或遇到困境之后的处理，它受个人、情境或是个人与情境互动的影响。社会工作者在职业栖息地中感知到角色压力后，他们因应角色压力的模式可能会因为本身的个人因素、所在的职场因素，也可能会因为个人与职场互动的结果而有所不同。我们发现，社会工作者对角色压力的感知具有动态发展性。本章将聚焦于社会工作者在职业发展初期和职业发展过程中因应角色压力的过程具体是如何发生的这一问题展开研究，通过揭示因应角色压力的产生过程的特点，为社会工作的继续教育、社会工作管理等提供有益的参考和借鉴。

第一节　职业发展初期社会工作者因应角色压力的模式

一、社会工作者面对角色模糊的因应：积极摸索与倡导

践行角色之初，社会工作者经常不知道如何开展自己的工作，在面对服务对象或用人单位不了解其身份时经常通过摸索、倡导教育等方式来因应。

当时我们几个小伙伴互相支持，边服务边摸索。所以前几年一直都在学，一直都在探索应该怎么去做。(受访者 D)

当时因为几个一起工作的小伙伴都是刚毕业，大家都不太懂，所以我们开展了很多的探索式行动。(受访者 B)

二、社会工作者面对角色冲突的因应：顺应用人单位要求，自我调适

社会工作者在职业发展初期可能会感受到用人单位的强控制，或是感

受到自己的服务目标与用人单位所要求的目标不相符。研究资料显示，社会工作者经验与能力不足，但又想保住职业生存的空间，只能先顺应用人单位的要求，在情绪、工作内容等方面进行自我调适。

其实有很多同事（社工）刚刚来的时候，面对与用人单位的目标冲突，压力都是有的。有的社工就顺从于用人单位了，用人单位说什么就做什么，好像变成了体制内的行政人员。(受访者C)

第二节　职业发展过程中社会工作者因应角色压力的模式

一、社会工作者面对角色冲突的因应

（一）左右逢源：满足用人单位不同领导的工作要求

面对用人单位不同领导要求不一致的情况，社会工作者在践行角色时探索出“左右逢源”的方法，即社会工作者意识到用人单位的领导之间有意见冲突或人际冲突，进而表现为对社会工作者的工作要求有分歧时，他们会不断调整自己的压力同时找到尽量不直面冲突的方法，以因应不同领导的要求。

我们觉得如果赞同副院长的观点，但正院长会不认同，便采取沉默的方式，表面上认同正院长，实际工作中按副院长的要求去做。处理这种冲突是很难的。(受访者G)

你要适应不同利益相关方的需求。面对不同的需求时，肯定要先根据不同的需求和不同的特点勉强去适应，按照不同的要求不断地调整，整个过程都是在适应。面对不同利益方的不同需求，你要不断思考因应策略、方法。(受访者F)

（二）夹缝中主动寻找专业生存空间，调整用人单位的角色期待

嵌入性社会工作发展路径，导致社会工作者这一外部进入性角色遭遇

既有权力主体的反向嵌入。社会工作作为整体进入相应的服务体系中，自然而然地会受到所进入系统的怀疑、阻碍、排斥（徐选国，2019）。以专业特征、专业服务为优势的社会工作嵌入强大的行政权力体系时，专业权力会让位于行政权力，从而产生服务行政化；与所在地社会工作互动时，可能抱持自身的专业情结、忽视在地化的非正式权力关系而出现专业内部治理的官僚化特征；专业社会工作本身在服务社会、增进社会福祉的同时，不断生产知识、促进专业发展，但由于其服务朝向行政化、治理朝向官僚化的趋势，使得专业自身并非自主发展而是卷入体制旋涡之中出现建制化趋势（朱健刚 等，2013）。研究发现，A 市社会工作者嵌入行政体制之后，当自身追求专业服务的价值感与行政体制要求相冲突时，社会工作者会感受到角色压力，但有专业追求的社会工作者会选择在拉扯中自主寻找专业生存空间，在夹缝中寻找时间取得专业成效，用专业成效与行政体制对话。社会工作者努力尝试以专业成效说服用人单位领导，以调整他们对社会工作者的角色期待。

到了（新岗位）之后，我觉得要经历角色的适应。这边一线服务比较少，做行政工作比较多，社工的专业能力没有太多地方去发挥。我是 2019 年 7 月过来的，2020 年我带着同事一起跨团队组建了一个项目组，开始做项目，直到接触实务，我才感觉那种迷茫会少一些、会踏实一些。组建团队是我自主的选择，就是想冲破现有的迷茫和角色的不适应，还有对专业社工做行政工作的抵抗。可能这也会让他们调整对我的角色期待。刚开始我们没有资源，就边做工作边争取机构的、社会工作协会的项目资源。后来，用人单位看到成效就慢慢认可了。认可了我们以后，还给了我们一个创新项目，也有几千块钱奖金给了我们这个项目团队。我觉得也挺好的。我们是在缝隙中明媚生长。（受访者 E）

受访者 B 谈到当团队的服务不被用人单位的领导所认可时，社会工作者便会极力挤时间找到适切的项目进行开发，通过短时间内可以呈现成效的项目让用人单位看到社会工作者的价值，进而调整用人单位对社会工作者的正面看法。她分享道：“有段时间我的压力就是我要突破，我要怎样去突破？怎样才能让用人单位看见服务的成效？我要让用人单位看到社工其实是可以做很多事情的。所以当时我做了一个助学特色项目，其实也是有非常功利性的考虑因素，因为助学的项目可以见效快一些。项目完成后，包括用人单位，也包括其他的一些社群都会看到成效。”

刚开始领导专门让我做行政上的工作，是因为领导觉得我不够专业，所以我就要用专业去说服他。于是我在做好行政工作的基础上，不断地去寻找做专业服务的机会，用成效证明给领导看。在这个过程当中，我不断地去寻找资源，对于不被信任、不被认可，我并没有正面地去抗议，而是通过展现专业服务的成效让他们去接受，转变对我们社工的看法。（受访者 C）

（三）顺应用人单位要求，自我调适

在 A 市购买社会工作专业服务的关系中，政府处于绝对的掌控地位。社会工作者非常清晰地认识到，有政府购买服务才有自己的职业生存之道。研究发现，社会工作者在职业发展过程中虽无奈于这种资源依赖的现状，但无力反抗。在面对用人单位与自己的专业服务理念、价值或工作内容的要求发生冲突时，他们最多的因应方式是“顺应”，顺应用人单位的要求，稳定自己的生存空间，建立好与用人单位之间的关系。冲突的情绪、顺应的委屈这些角色压力由社工本身寻找方式进行缓解。

我还是要一直做下去啊！我没有什么力量和机遇可以抗衡。他们说我这样，哦，听就行了。虽然我也会宣泄、吐槽，但最后还是要顺着单位的意思去做。这是逃避吗？这也不算是逃避，我也不知道能够坚持多久。（受访者 D）

用人单位的领导可能会觉得这个（你的专业服务的想法）不是我部门的工作，先放一放；或者是说哪怕这个是他部门的工作，但是因为近来他想做的不是这方面的工作，他有自己的一些想法，在这个时候你就要妥协并顺应。（受访者 E）

其实只能让自己看开，需要自己调节，（告诉自己）环境就是这样，变不了，只能自身去适应环境。大家慢慢也都习惯了，就这样了，没办

法。(受访者B)

现在感觉我们社工是社会上的一块砖，哪里需要就往哪里搬。你对自身角色的认识到了这个层面，你就知道自己并不是中心，单位也不会以社工为中心。因为这个社会体系是由政府来进行管理，政府统筹所有资源，社工只是社会体系中很小的一部分。当你能意识到这些时，你就不会去想那么多了。(受访者A)

（四）争取外界支持，缓解压力

社会工作者生存在各种互动系统中，与用人单位的、与督导的、与社会工作的、与工作团队的、与服务对象的、与家人朋友的等。研究发现，当在工作中遇到角色冲突时，A市社会工作者会在用人单位、督导、社会工作服务机构中寻找外界的支持，以缓解压力，其中互动较多、较为有效的是督导系统，而用人单位、社会工作服务机构带来的支持较少，效果有待提高。

发生角色冲突时，我最多的就是跟督导去倾诉这些方面的压力，寻求督导的帮助。督导的开导，我觉得还是比较能够缓解压力的。(受访者E)

机构也非常清楚用人单位的领导是怎样一个人，有时候（有了冲突）我也会跟机构领导吐吐槽。遇到事情，机构的领导会在言语上安慰我，也会说下次要去跟用人单位的领导谈一下。我感觉其实他们也就是说说而已，但在那一刻确实给到我那种稍微好受一点的感觉。(受访者B)

二、面对角色超载的因应

（一）寻求外界支持，缓解压力

社会工作者的职业生涯越久，或者所处的岗位属于特殊的领域时，工作量或者工作要求就越难以平衡。研究发现，社会工作者在面对角色超载时，经常会选择寻求外界支持，以缓解角色超载带来的压力，包括与工作团队的互动、与家人和朋友的互动、寻求社会工作服务机构的支持。从缓解压力的成效来看，与工作团队的互动、与家人和朋友的互动更有利于社会工作者正向解压，而在与社会工作服务机构的互动过程中感受到的支持力量较为有限。

【工作团队的支持】

在社会工作行业中，为完成任务，需要跟同事进行合作、相互协助。工作量太大的时候我哭过，也会跟身边同事聊天或者吐槽、寻找支援，发泄一下情绪之类的。我感觉缓解压力主要是靠同事之间的沟通，想到有人跟我一起并肩“作战”，感觉会好一点。我能一直做到现在，这种同事间的依靠对我来说是很大的一个支持。(受访者 F)

工作量大的时候，自己通常会加班（来完成)。有时候做不完，同事会帮我做一些。每当想到这些，心里还是有一些感动。这个时候我会觉得同事的支持对我特别重要。同事会主动提出加班来帮我，很主动地帮我做一些手工什么的，这时我就觉得同事给的支持还是蛮大的。(受访者 E)

【家人、朋友的支持】

家人对我肯定也会支持，工作量大了以后，对家庭的付出肯定少了，有些事情只能由家人去做。(受访者 F)

我经常会跟我老公去说（单位中的事情)。压力大的时候，（家人的安慰）都是些支持。(受访者 B)

我可能最近比较忙。家里人，比如他（老公）就会主动辅导孩子的作业，家务什么的就多做点。我回到家就休息、看看电视，家人的支持也是很重要的。(受访者 D)

【社会工作服务机构的支持】

那时候（压力大）就很单纯地希望把工作赶紧做完、做好。一个人或者一个团队都无法应对很多大型活动的时候，压力真的挺大。所以，我前期已经把这些工作筹备好了，就会跟机构申请，调相关同事来帮忙。那机构也会毫不犹豫地帮助我调配人员，帮助我和我的团队把活动尽量做好。(受访者 E)

（二）自我调整情绪，理性认知所处现状

除了寻求外界支持，社会工作者在处理角色压力时，也会尝试自我调整情绪，试图在情绪调整后，理性地认识自己所处的现状，在现有的基础上努力主动因应负荷的状况，尝试拟定解决的策略。

我经常用阿Q精神调整自己的情绪。每次冲突出现后感觉很不舒服的时候，我就会鼓励我的团队和我自己，不管人家怎样阻挡你，或者是怎样影响你，但是没有人阻挡你继续好好做专业服务，好好做事就是底线的原则，你不用想那么多，就是你做到那个点上了，该有的都会给你。（受访者C）

现在就是过一天是一天的感觉，有调适，有吐槽。虽然可能很多时候我会不断在团队之间吐槽，但我还是会继续工作，还是会跟大家讨论方法。我也不知道这是一种什么样的状态，面对负能量我也会想怎么去做，怎么一步步地去应对。当工作压力比较大的时候，如果真的人手不够了，我肯定会放弃一些东西，以全部精力去应对工作中重要的部分。对待压力，你自己要有一套方法，要不然自己都要累死。（受访者D）

工作量很大的时候，更多的是自我安慰。（受访者B）

应对的话，如果用人单位的领导A和领导B意见不合，我们就只能是从中选择一个，不可能两边都选择。我们直接对接的是领导A，而且我觉得领导A对我们社工的工作也有想法，是比较认可我们的。如果领导B不乐意了，只能就由其怎么样，这时自己要看开一点。有时候确实不是因为我们工作做得不好，而是因为其他的原因。（受访者E）

（三）预估角色超载，以免陷入不必要的压力旋涡

研究资料显示，当社会工作者有了一定的角色践行经验后，其可以在事情发生之前对角色压力进行理性的预估。当自觉接受工作任务会带给自己较大的角色压力时，社会工作者便会拒绝接受工作任务或是不主动争取工作成效，还有就是为工作任务排序，先做最重要的工作，再做次重要的工作，以此避免陷入角色超载的困境。

如果我评估这个（服务）点有发展潜质，那我就会去努力。当你迎接鲜花的时候，所有过程中的压力自然就没有了。但是另外一种呢，就是你

评估了之后，用人单位的诉求觉得有些没有价值，例如有些主办方的公益创投，用人单位会不认同，觉得划不来。这种情况下，我就跟团队同事建议说不要去申请，因为一旦不分主次地拿回来很多项目，除了要承受工作带来的压力，还会让用人单位无法认可你。当用人单位不认可你的时候，你的委屈和心理压力就来了。（受访者 A）

作为社工，我要怎样跟用人单位处理关系？没做（社工）之前就听说有一些社工真的是完全被社区控制的，社区的任何工作都可以直接派给社工去做。我不能让我的团队处于这样的一个境地，我要有自主性。所以这也是我去做社综的时候，会给自己定下来一个方向的原因。我传递给大家的认识就是，只有社区党支部书记，还有分管我们的社区党支部副书记可以直接让我们社工去做事情，其他人不可以。（受访者 B）

（四）寻找平衡，降低自我期望

研究资料显示，社会工作者在工作量较大时，有时会降低自我期望。通过理性评估工作目标、自身能力，进而降低自我期望。通过降低对专业服务的预期目标，减少完美主义的心理追求，来规避角色压力的产生。

我是相对比较务实的，就是在处理一些问题时，会寻找一些平衡，这种平衡体现在很多方面，有心理上的也有现实的。像我们这种人在机构能拿 80 分，在用人单位那边也能拿 80 分。但是肯定有人在机构拿 100 分，也有人在用人单位那边拿 100 分。面对所谓“内卷”，我会弱化一点。如果在机构和用人单位两方面都要争取拿到最高分，就会导致自己的压力很大。降低对自己的要求，也是减压的好方法。（受访者 A）

（五）向用人单位领导适度反映

当有些社会工作者长时间经历了角色超载，无法成功地平衡与用人单位的关系时，会产生倾向于易冲动、愤怒、形成正面冲突的因应模式，但社会工作者的反抗是在衡量了自身的基础与反抗的后果之后作出的因应行为。

我现在已经被繁重的工作压迫得喘不过来气了。在用人单位的支持下，我们团队确实取得了不少成绩，但用人单位不停地为我们加码，让我们喘息不过来。导致我现在有一种大无畏的精神，开始向它（用人单位）反映我们的实际工作强度。(受访者 B)

（六）行为脱避的应对：懈怠或离职

当个人悲观、自信低、焦虑过度时就可能会产生脱避的想法，例如“我放弃我要追求的一切”“我放弃追求我的目标”“我告诉自己，我无法处理也不想处理”。研究发现，当社会工作者角色超载达到一定程度，自我调控不力或者寻找不到外界的支持时，就会产生行为脱避的应对方式，例如离职。

我记得当时在一个特殊的服务领域，团队加上我一共 4 个人，工作压力挺大的。我才做了一年，团队中的一位同事已经离职，另外两位也已经提出了辞职，整个项目即将面临没人管理的处境。那段时间比较难，同事受不了了，就只能换一个工作，其实我也很理解。我跟机构人力负责人反映说有同事想辞职，不想做这个项目了，我说他们已经撑了好久了。人力负责人只给我回了一个“好”字，然后就没有下文了。是我我也撑不下去，真的很难，真的很辛苦。工作量大，而政府与机构的支持力度不大。(受访者 E)

院里几位老人相继去世之后，我的情绪在机构领导的团体辅导中崩溃。没过多久，我就支撑不下去了。你说我专业能力或者心理素质不行都可以，总之我就是撑不下去了，于是选择了离职。(受访者 G)

—— 小结 ——

结合以上研究资料，A 市社会工作者在职业发展的不同阶段为因应不同的角色压力发展出不同的因应方式。结合压力因应的四种模式（积极因应、消极因应、主动因应与被动因应），将研究资料中显示的社会工作者角色压力因应方式再分类，将其归纳为四种模式取向（详见图 6-1）：积极主动因应模式取向、积极被动因应模式取向、消极主动因应模式取向、消极被动因应模式取向。在职业发展初期，社会工作者倾向于采用积极被动因应模式取向。而在职业发展过程中，社会工作者为在职业栖息地保存职业生存空间、实践专业价值，积极主动因应模式取向与积极被动因应模式取向便会交替进行。当社会工作者无力抵抗角色超载时，则会选择消极主动因应模式取向和消极被动因应模式取向。消极被动的因应模式取向通常表现为懈怠或离职。当社会工作者不能与职业栖息地成功交换资源时，便会采取此种模式结束职业生涯。

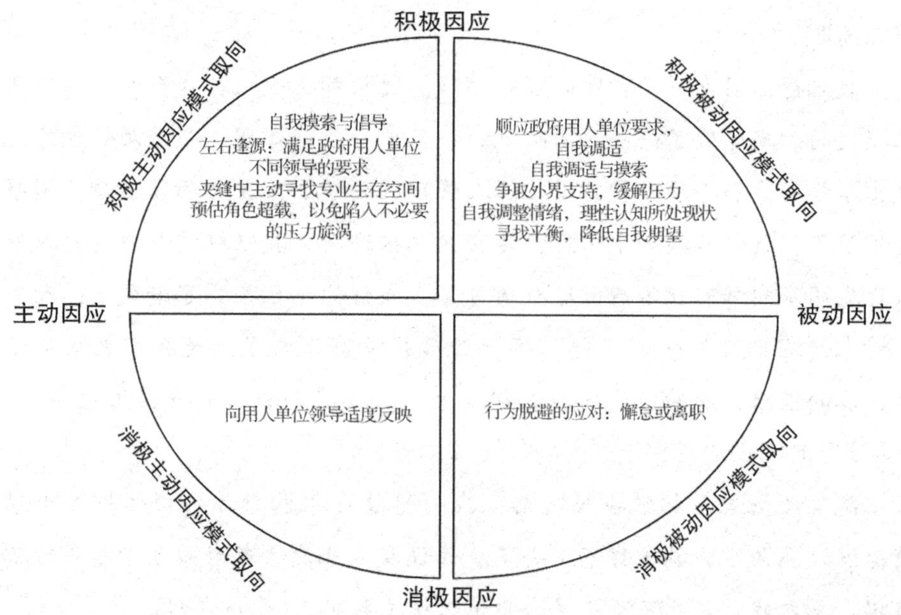

图 6-1　A 市社会工作者角色压力因应模式取向

第七章

研究发现与讨论

回顾本研究在最开始提出的研究问题，包括A市社会工作者眼中的社会工作职业角色有哪些，及其在不同的职业生涯阶段形塑角色的过程中产生的角色压力来源是什么？A市社会工作不同发展阶段社会工作者的角色压力类型与异同有哪些？社会工作者角色压力的因应模式，及其对社会工作发展之意义是什么？在第四章到第六章的研究资料分析中，笔者已经沿着这些问题的研究脉络呈现了资料及分析的过程。据此，本章的第一节到第三节首先呈现研究发现，并就研究发现与理论进行探讨和对话，进而根据研究发现及讨论结果，进一步反思如何预防或减少角色压力给社会工作者带来的影响。本章的最后一节将总结本研究的局限及对未来研究的进一步展望。

第一节　“个人—环境”的双重转换：多元角色的形塑

一、职业发展的不同阶段，社会工作者的职业角色扮演的侧重点有所不同

社会工作者的角色形塑是一个过程，是在社会工作者与行业特殊的栖息地相互影响下进行的。政府购买社会工作的特殊背景——嵌入式的行业栖息地，使得社会工作者与用人单位、服务对象、社会工作服务机构、社会工作评估机构、社会工作协会等形成了特殊的互动关系。社会工作者带着自己最初对角色的内部认知，与不同利益相关者提出的角色期待进行互动，先有角色认知，在认知之下有了角色实践，再反馈到利益相关者的期待系统中，角色在不断往复的互动影响中形塑而成。

研究发现，在职业发展的不同阶段，A市社会工作者扮演的角色侧重

点有所不同。在社会工作职业发展之初（1~2年），社会工作者从学习的栖息地转移到职业的栖息地，由于自身专业能力和综合素能不足，再加上外部对社会工作职业环境的认同度不高，社会工作者主要以专业服务的探索者、行政工作的执行者、服务规划与管理者、专业角色与服务的倡导者等角色去开展服务或服从用人单位领导的安排。在社会工作职业发展过程中（2年及以上），随着工作经验的逐渐增加，以及与相关利益主体的互动能力的不断增强，社会工作者的角色逐渐迈向多元化。社会工作者的职位角色有所增加，角色内涵也有了进一步的分层。多元角色分为对服务对象的直接服务角色，例如支持者、治疗者；也分为对机构、用人单位等相关利益主体践行的间接服务角色，例如行政工作的执行者、服务的经纪人、服务规划与管理者、岗位调动的被动适应者、督导者、评估的迎合者；以及合并角色，例如专业角色与服务的倡导者、提供咨询者、关系的维护和协调者。从社会工作者扮演的角色内涵来看，其工作内容既涉及针对服务对象的专业服务，又涉及针对用人单位、社会工作服务机构、评估机构的行政工作。

社会工作者在嵌入式发展的职业栖息地中，要与多元利益主体进行互动。研究发现，总体来说，社会工作者的角色扮演有两个显著的特点。第一，社会工作者要想发挥专业自主性角色作用并不容易，因为不同的利益主体对社会工作者的同一角色有着不同的期待。从嵌入式发展的职业栖息地对社会工作者的影响来看，社会工作者受制于政府领导的管控，较易成为政府行政工作的执行配合者。另外，通过与以往的社会工作者角色文献中的内容相比，A市社会工作者形塑出了较具特色的本土化职业角色或扩展了西方职业角色的内涵，例如专业服务的探索者、岗位调动的被动适应者、评估的迎合者、关系的维护和协调者。第二，处于不同职业阶段的社会工作者，可扮演的角色也有所差异。因此，对社会工作者的角色应该有所定位，包括在不同职业发展阶段社会工作者应该扮演的角色，以及探讨直接服务角色、间接服务角色、合并角色的角色边界等内容。

二、社会工作者的服务主体是谁，是服务对象还是购买主体？——角色规范不明确

在过去十多年的行业发展历程中，在政府购买社会工作服务的发展模式下，社会工作者在民政、社区服务、家庭服务、儿童与青少年服务、长者服务、残障服务、企业服务、新莞人服务、禁毒服务、司法服务等多个服务领域中扮演着越来越重要的角色。

2014 年，国际社会工作者联合会提出了一个社会工作的全球定义：社会工作是以实践为基础的专业，是促进社会改变和发展、提高社会凝聚力、赋权并解放人类的一门学科（王思斌，2021）。美国社会工作教育委员会（Council of Social Work Education，CSWE）和美国全国社会工作协会（National Association of Social Work，NASW），强调需要社会工作者“促进人权以及社会、经济和环境正义”（CSWE，2015）。其中，社会正义是指每个人都应该享有平等机会的信念（NASW，2008）。为提升社会正义的价值，社会工作者需要将他们的行动转化为倡导和实践，为所有人群，特别是为他们所服务的对象提供机会（Hansford et al.，2017）。从结构性社会工作视角来看，服务对象之所以成为被服务人群是因为其受到了所处的环境基于阶级、种族、性别、能力、性取向、年龄、宗教等的歧视，社会工作应该致力于消除这些歧视。由此来看，社会工作者的服务主体应该是服务对象。社会工作者应该致力于通过专业方法协助服务对象构建正义的社会环境，促使他们平等地拥有权利与机会，从而达到社会和谐的目的，而社会工作者所扮演的职业角色也理应发挥以上的功能。本研究发现，A 市社会工作者在嵌入式发展的职业栖息地中生存，职业角色服务的基础和主体倾斜于用人单位领导、社会工作服务机构领导、社会工作评估机构，其中特别倾斜于用人单位领导，从而陷入缺乏专业自主性的状态，甚至出现了违背专业伦理的现象，使得社会工作者成为政府行政工作的执行配合者。另外，社会工作者在专业服务过程中，由于与政府的管理方法不同，间接导致了社会工作专业伦理的部分沦丧。由于资源的依赖，社会工作者

不得不服从于用人单位领导、社会工作服务机构领导或评估机构的指示，进而导致缩短服务时间，或被动中断服务对象的专业服务进程，并可能陷入专业伦理两难的矛盾中，最终无法真正实现“以服务对象为主”的理想的专业服务模式。

在嵌入式发展的背景下，社会工作者的角色基本是间接服务角色，要花更多的时间维护与用人单位以及其他利益相关方的关系以获取资源。因此，社会工作者角色期待的冲突会给其带来角色压力。在这种情况下，社会工作者不易做到以服务对象需要优先，而是要强化与购买服务者的协调能力，以及提出更具创造性的服务方案，让购买服务者洞察到满足服务对象的需要将有效提升政府管治效率与效果。

第二节　“个人—环境”转换中的问题：角色压力与形塑影响因素

一、社会工作者在不同的职业阶段形塑出的角色压力表现有所不同

社会工作行业中流传着一句话：“社会工作者是全能的。”从这句话，我们可以看出社会工作者工作环境的复杂程度以及工作要求之高。A 市社会工作者在社会工作职业发展的过程中，在面对复杂又高要求的职场环境时，在不同程度上表现出角色模糊、角色冲突与角色超载。角色压力会影响社会工作者的助人能力和应对能力，从而降低其作为专业人士开展服务的效率。社会工作者的压力是多维的，是复杂的现象，对社会工作者、服务对象和社会工作与当事人的关系都存在潜在的不利影响。社会工作实践中的角色压力可以是突然的、渐进的、急性的、慢性的或严重的，它可能对个人与职业关系产生负面影响，并且可能有各种来源与后果（Kim，2011）。本研究运用深度访谈法，与社会工作者进行面对面的沟通与观察，

比较深入地描述了社会工作者角色压力的表现形式和形塑的影响因素，对A市社会工作者的角色压力状况有了更加深刻的掌握。研究结果显示，社会工作者在社会工作职场中面临的“生活转换”包含两个重要方面：一是社会工作者脱离高校、初入职场的转换；二是在职业发展过程中逐渐嵌入的转换。在两种场域的转换过程中，社会工作者与环境互动的角色结果导致了角色压力的不同。在脱离高校、初入职场的转换中，社会工作者的角色压力更多地体现在角色模糊和角色冲突方面。而随着职业的发展，社会工作者面临的角色压力突出表现在角色冲突和角色超载方面。角色模糊面向依然存在，但由于社会工作者通过不断实践，不断摸索专业角色的方向和实践内涵，所以程度相对于职业初期时有所减弱。

二、社会工作者在不同的职业阶段形塑出的角色压力影响因素有所差异

（一）社会工作者初入职场的角色压力形塑的因素

发展社会化是指个体在经历了生命早期阶段的基本社会化之后，为适应社会文化和生活环境的不断发展变化而继续进行的社会化（彭华民 等，2006）。社会工作者初入职场，要么是从高校刚毕业，要么是由其他行业转入，总之其成长情境发生了较大的变化，他们扮演的角色也随之发生了相应的变化。研究发现，特别是社会工作专业毕业的社会工作者，在离开学校进入职场初期面临的角色压力表现为角色模糊、角色冲突。高校社会工作专业教育存在与职业化不相适应的问题：人才培养目标呈现定位不明确、缺乏具有本地特色的专业价值理念、缺乏科学系统的课程体系设置、实践教学环节尚显薄弱等特点。这些因素导致毕业生的专业能力与职业能力尚属于欠佳状态，很难回应社会工作职业发展的需要（廖鸿冰，2016），进而产生难以满足社会需求等方面的问题（吴择 等，2009）。另外，由于高校缺乏文化能力方面的培育，“当专业社会工作者进入社区提供社会工作服务时，他们对当地文化传统与社会工作的价值差异所带来的困境毫无

准备，对社区发展的历史脉络、概念话语、运作机制、偏好的互动模式等都一无所知”（Wei et al.，2018）。因此，在职业发展初期，社会工作者在职场学习中面临着不同的困难，包括对政府购买社会工作体制的理解、对社会工作职场的认知、如何开展专业的相关服务、如何与相关利益主体进行良好互动等，这些都在考验和挑战着初入职场的社会工作者。从社会工作者所处的组织环境、社会环境来看，督导资源分配不均衡使得一些刚入职的社会工作者没有督导支持或仅获得较少的督导支持、社会工作制度中关于社会工作角色界定不清晰、社会工作者职业身份认同度低等现象会加重社会工作者的角色模糊和角色冲突。若外省籍社会工作者未掌握粤语，以及不了解当地文化脉络却被分配到本地人口较多的区域工作，会进一步加重社会工作者对角色胜任的挫败感。有些用人单位领导的强控制，在这一阶段起到了推动社会工作者融入职场的作用，反之则相反。此结论与Wong等（2007）研究发现的高工作控制可以减少模糊的结论一致。但在开展专业服务时，若用人单位领导的期待与专业社会工作者的目标不同，则容易引起社会工作者角色冲突的压力，这是本研究的新发现。

（二）微观—中观—宏观因素交织形塑社会工作者的角色压力

随着职业的发展，社会工作者在职场中互动的主体逐渐增多，并且与其互动的程度逐渐加深。这一阶段，形塑社会工作者角色压力受三个方向的因素影响，这就是微观——个体因素、中观——情境互动因素、宏观——职业环境因素。微观—中观—宏观因素交织在一起，共同影响社会工作者在职业发展阶段所形塑的角色压力。

微观——个体因素包括年龄、专业情怀、个性、角色的数量、对职业瓶颈的感知力、专业背景都会引起角色的压力。与过往的研究相比，本研究发现专业情怀越深，社会工作者越能感知到角色模糊、角色冲突和角色超载；社会工作者对职业瓶颈感知力越强或非专业社会工作背景的社会工作者，越容易感知到角色超载。以上专业情怀与对职业瓶颈的感知力对于角色压力的影响是本研究的新发现。社会工作者越具有不拘小节的个性，越能弱化社会工作者对角色冲突的感知。这与 Crosno 等（2009）研究发现的性格更乐观的员工会感知到更少的角色冲突与角色模糊高度一致。而本研究发现，社会工作者年龄越大，越容易形塑角色超载，这验证了年龄对于角色压力的影响，但与“年轻、女性和经验不足的社会工作者更有可能面临工作相关的压力（Horwitz，2006；Song，2005；Stalker et al.，2007；Wooten et al.，2011）”这一研究结论相反。同样，角色增多会增加社会工作者的角色压力，与 Lambert 等（2009）的研究发现“员工随着职位的上升，角色定位越清晰，所感受的角色压力会降低”以及与 Kim 等（2009）发现的“服务员工任职时长和年龄与感知到的角色模糊和角色冲突负相关”的结论相反。

中观——情境互动因素包括社会工作者与用人单位以及社会工作服务机构的领导互动关系、特殊领域的专业服务要求、社会工作服务机构与社会工作协会的弱支持。当职场环境中出现多个领导共同参与管理或用人单位领导的行政强控制，会使社会工作者的角色冲突、角色超载程度加深；社会工作服务机构领导不理解、不支持，会形塑社会工作者的角色冲突。特殊领域的专业服务，例如反家庭暴力、院内老年人服务等对社会工作者的要求较高，形塑出的角色冲突与角色超载程度较深。这与过去的研究发现“角色压力与不安全的工作条件”（Arnetz et al.，2001；Jayaratne et al.，1996；Song，2005；Vinokur-Kaplan，1991）一致。当出现以上角色压力时，环境中的支持系统，例如社会工作协会的角色缺位、社会工作服务机构的弱支持会加重社会工作者的角色压力。社会工作协会与社会工作服务机构的弱支持对于社会工作者角色的形塑影响的结论，与“领导和同事关系以及组织对员工的社会支持使得个体获得外部支援，有助于减少个体对角色压力的感知”（Cohen et al.，1985；Mallett et al.，1991；Mor et al.，1984；Pierce et al.，1990）这一结论一脉相承。

宏观——职业环境因素包括社会工作购买制度非规范化、社会工作者的社会地位边缘化、职业角色认同度较低、评估指标设置不合理等。社会工作实践涉及在个人、群体、家庭和社区的社会环境中进行预防、评估和干预，以及倡导、制定和实施社会政策以促进生物心理社会精神功能（Hopworth et al.，2010）。社会工作专业的使命是增进人类福祉并满足个人的基本需求，特别需要关注边缘化、困弱和受压迫人群（NASW，2008）。社会工作在我国内地全面发展十余年来，购买制度非规范化导致社会工作岗位经常面临不稳定的状态、职业角色认同度较低、评估指标设置不合理、社会工作者的社会地位边缘化等，职业环境可以说是社会工作者角色压力形塑的根本。不成熟的职业发展环境常常让社会工作者感慨他们是职业栖息地中的困弱群体，何谈再去助人？结构理论指出，社会期望、组织的复杂性、结构性不平等以及社会工作者在这些结构中的位置是导致道德困境和违法行为不可避免的重要因素。例如，资源不足会造成无法解决的道德紧张局势。这一理论极大地增加了在一定背景下社会工作中构成“伦理”的框架重要性的理解（Weinberg，2013）。与过往的理论与文献相比较，笔者发现在我国内地，社会工作者的边缘化地位等职业环境同样可以说是社会工作者角色压力形塑之根本。社会工作者的工作环境相对复杂：社会不同的主体对于新兴职业的多元期望，以及社会工作者在职业结构中因为资源过度依赖政府而导致双方权利地位不平等，直接形塑了社会工作者的角色压力，也从根本上形塑了社会工作者的职业伦理困境。例如，因为用人单位领导的更换而更换服务机构，现有服务随时停止，直接形塑了社会工作者待岗、调岗之压力。总而言之，社会工作者与所处的职业宏观环境之间的互动，使社会工作者伦理困境值得进一步思考。

第三节　“个人—环境”转换中挑战的对应：角色压力的因应

本研究深刻揭示了A市社会工作者角色压力的存在状态、存在类型以及形塑A市社会工作者角色压力的影响因素，试图探究为缓解角色压力，社会工作者自身所做的因应类型。根据角色压力的分类的方式，笔者在研究中发现针对不同的压力类型，社会工作者均有尝试因应角色压力的方法。

一、积极主动因应模式取向与积极被动因应模式取向是社会工作者因应角色压力的主要模式取向

社会工作者因应角色压力的过程是一个动态的过程。研究发现，社会工作者角色总体来说可以主动地通过对内对外调整，进行角色压力的因应。其压力因应模式大致可归纳为四种取向，包括积极主动因应模式取向、消极主动因应模式取向、积极被动因应模式取向以及消极被动因应模式取向。从因应历程来看，社会工作者在职业发展初期，由于刚刚进入职场，对于一切都不熟悉，加之高校教育与职业要求的脱节，年轻的社会工作者不了解社会其实存在一个错综复杂的人际关系网（Wei et al.，2018）以及“差异化的联合模式”是地方文化人际网络的主要特征（Fei，1998；杨中芳，2009）。因此，从其角色模糊到角色冲突，最终迫于安身立命的现实境况来看，社会工作者更多的是选择“顺从用人单位的权威”“满足用人单位的要求”的策略以获得用人单位的认可，而由此带来的情绪和专业实践的落差因为缺乏机构与督导的支持只能靠自己化解或摸索。在顺应权威的过程中，社会工作者一方面感受到行政化的危机，另一方面感受到只有在满足用人单位需求的前提下，才能更好地提出和实现理想中专业的想法。因此，从本研究的结果可以发现，社会工作者在职业发展初期要在职业栖息地站稳脚跟，并不需要较强的专业基础技能，而是需要具备文化能力，即需要更全面和深入地了解本地文化差序格局中的人情关系，以及具备与用人单位、社会工作服务机构等利益相关方的沟通能力。而在职业发展过程中，社会工作者随着个体能力和应对经验的积累逐步开始交替采用积极主动因应模式与积极被动因应模式两种取向。由于“强大的政府和新兴的行业之间不平等的权利关系导致二者在购买服务方面的不平等”（Zhu et al.，2013），因此社会工作者在职业发展过程中始终会在适当的阶段采取顺应用人单位要求甚至要满足用人单位不同领导的工作要求的因应

策略。但与职业发展初期不同，在职业发展过程中，社会工作者顺应用人单位的要求是为了寻求更多的发展社会工作专业服务的空间。他们在与用人单位的往复交流与沟通过程中积累“以情换人”（Wei et al.，2018）的互动经验。当双边关系和合作态度有了一定的基础后，社会工作者顺应权威更多的是为了获得和争取专业服务的机会和空间，以便调整用人单位对社会工作（者）的期待，促进专业服务的进一步发展。研究发现，在职业发展过程中，社会工作者试图运用多元方法在自身能力范围内，对内以隐忍，调整自我认知、情绪、期望等方式因应角色压力；对外则采取与利益相关人进行沟通协调、平衡权利关系，以便争取机会发展专业服务等策略因应角色压力。因此，在职业发展过程中，社会工作者除了需要具备文化能力与沟通能力，还需要具备较强的专业基础能力以及专业进阶能力（曾华源 等，2021）才能因应其中的角色压力。另外，研究发现，当无法成功地缓解相应的角色压力时，社会工作者则倾向于选择消极主动的因应策略，甚至可能会选择消极被动的因应策略——懈怠或离职等方式回应角色压力。这一结论与Jones等（2007）发现的“角色超载会增强员工的离职行为意向”一脉相承。

二、个体胜任力与环境质量是社会工作者能否适切因应角色压力的关键要素——基于生态系统理论的再反思

生态视角基本假设生物个体为维持生存或延续物种，就必须与其栖息的环境之间保持适切的配适度（Gitterman et al.，2008）。人总是处于应对环境要求的过程中，这种应对关联到个人内部与外部的连接与转换，表现为个人依照自己的能力链接外部的资源，实现个人与环境的更好匹配（Germain，1979）。研究发现，社会工作者在因应压力的过程中，主动寻求自我与外界的平衡——主动对内对外进行调整，发展出积极主动和积极被动的因应策略。积极主动的因应策略基本是凭借社会工作者的个体成长经验与智慧而达成，例如社会工作者尝试运用个人的内部资源——“个人特质”，如自身不服输的个性、专业价值情怀、个人已有的综合素能等。

这些内部资源与环境达成一连串的交流经验，发展出自我效能感，专业判断与自信心等“胜任能力”，进一步增强社会工作者主动因应角色压力的能力。环境质量即与外部资源的连接，比如工作团队支持、督导支持、社会工作服务机构支持、社会工作协会支持、家人和良友支持等。研究发现，社会工作者在因应角色压力时，团队、家人和良友的支持起到了很关键的作用。团队支持对于因应角色压力的作用与 Smith 和 Nursten（1998），Nissly 等（2005），Um 和 Harrison（1998）的研究结果“同事的支援可以减小压力的负面影响”相一致。经历高水平督导支持的社会工作者不太可能会考虑离开他们的工作，即便他们经历了高水平的工作压力。例如，督导支持和良好的领导沟通已被确定为社会工作者在压力很大的情况下留在其组织的关键因素（Mor Barak et al.，2006）。而在研究中发现，社会工作服务机构、社会工作协会对社会工作者的支持成效呈现不显著且持续时间较短的特性。由于这些外在资源与社会工作者的反向连接较弱，因此社会工作者在主动因应角色压力的过程中没有得到相应的外部资源的支持而陷入新一轮的角色压力中。这一结论与 Örtqvist 和 Wincent（2010）在企业员工角色压力研究中的结论“角色压力导致的结果会成为新一轮的角色压力的来源，形成一种反向因果关系”相一致。基于以上发现可以得出结论：社会工作者的职业栖息地的环境质量有待提升。以上具体呈现见图 7-1。

另外，在研究中可以发现，社会工作者在面对角色压力时，试图在专业实践中寻求社会正义。这是需要我们注意的。他们运用个人—组织、个人—环境权利关系互动的方式来挑战专业生存压力，在职业发展之路上越来越能争取到专业的生存空间。但由于职业尚属新兴，嵌入式的发展模式导致社会工作者在服务购买的结构中处于先天的困弱位置，这必然决定着社会工作者与职业环境的良性互动需要结构化的调整和时间的积淀。

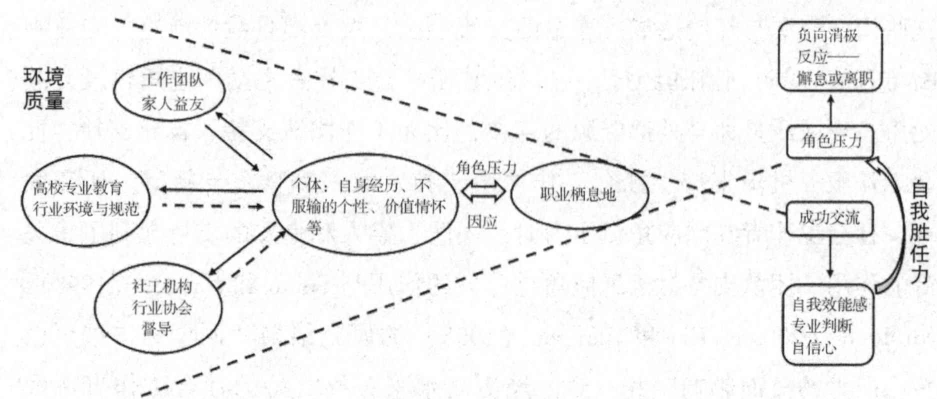

图 7-1　生态系统理论视角下社会工作者角色压力因应

第四节　研究结论与建议

本研究聚焦社会工作者的角色压力的形塑及因应模式，通过收集和分析参与本研究的研究对象的访谈资料，发现 A 市社会工作者的角色以及角色压力的形塑是一个动态的发展过程。角色压力受到微观、中观、宏观各种因素的交织互动之影响。研究揭示了：（一）社会工作者职业角色以间接服务角色与合并角色为主，行政工作的执行者、岗位调动的被动适应者、评估的迎合者以及关系的维护和协调者的角色内涵具有本地特色。（二）社会工作者因应角色压力的主要模式取向为积极主动因应模式取向与积极被动因应模式取向。在职业发展之初，社会工作者主要采取积极被动因应模式，社会工作者尤其需要具备文化能力和沟通能力；在职业发展过程中，两种模式取向交替并存，社会工作者更需要具备专业基础能力和专业进阶能力。（三）个体胜任力与环境质量是社会工作者因应角色压力的关键要素。研究虽然只呈现了 A 市部分社会工作者代表的有关角色压力及因应的样态，但这些样本具有典型的代表性意义，从这些典型的样本中可以窥见社会工作者所处的职业环境的真实脉络。A 市社会工作职业还将继续发展，服务对象需求的日益复杂化、职业栖息地利益主体的多元化、动态发展的职业体制等将继续成为社会工作者的挑战。为提升社会工作者职业胜任力与职业环境质量，使社会工作者尽可能地适应具有挑战性的社会工作职业环境，以下结合研究发现与讨论，提出相关建议，以期推动社会工作行业朝着健康、专业化的方向发展。

一、高校：提升教育质量，有效培育学生就业力

研究发现，社会工作者在职业初期面临着角色模糊、角色冲突的角色压力。从高校到职场的转换，使得年轻的社会工作者面临着理想角色与现实角色的巨大差异。随着职业的发展，社会工作者面临的角色压力越来越大。因为现实的社会工作发展情境致使社会工作者面临专业“弱自主化”“低认同”的职业情形，与理想当中的专业化程度有相当大的差异，但为了在现实的情境下争取最大化的专业自主权，推动社会工作的发展，需要社会工作者积极顺应行政体制内的合理要求，在保护专业底线的基础上追求专业自主性的发展。而实现这些除了要求社会工作者具备专业能力，更要求其具备职业能力，包括在组织内工作的能力，例如书面表达能力、人际交往能力、管理能力（刘斌志 等，2015），也包含学习和了解顺应行政化体制与本地文化的能力，同时还包括良好的人格素养，例如在挫折中的耐受力等。社会工作专业教育是专业社会化的过程，主要目标是培育学生具备遵守社会工作专业价值观，树立专业态度、掌握社会工作专业方法与技巧，使社会工作者成为具有专业知识和专业态度并乐于从事助人服务的专业工作者（陈丽欣 等，2002；曾华源 等，2021）。专业教育要培育出“能做”，也要培育出“会做”“愿意做”（曾华源，1994；Meyer，1996）。高校是社会工作专业教育的重要场域，有着培育学生就业力的重要使命。因此，高校的社会工作教育应包含职业通用能力（基本技能、行政管理技能、问题解决力、职业发展、团队合作、心理成熟、个人品德）、专业基础能力（专业质量力、知识建构力、运用知识力、专业伦理力、专业发展力）与专业进阶能力（知行合一能力、分析批判能力、政策转换能力、服

务管理能力、反思反省能力）三大类别（曾华源 等，2021）能力的培养。在就业力的培育过程中，高校社会工作专业要构建“高校—政府—社会工作协会—社会工作服务机构”四位一体的就业能力培育机制，加强高校与政府、社会工作协会、社会工作服务机构的多向互动。第一，在多元互动的过程中，共同建立学生职业能力清单，为培养学生的职业能力搭建平台。第二，优化学生实践基地的实践督导水平，筛选优质的实习基地，在实习前由教师—机构督导—学生共同研究确定具体的实习目标，实践中由“教师—机构督导”共同跟进学生的实习过程，实习结束后评估实习目标是否达到。第三，进一步优化专业课程体系，促进能力的掌握。通过上述建议的践行，实现学生在真正的职业环境中不断培养专业情怀，实现理论学习与工作实践的真正融合，最终逐渐实现高校社会工作教育与职业能力的有效接轨。

二、政府—行业协会—评估机构：三方合力改善社会工作职业发展环境

从本研究的资料分析结果来看，社会工作者的角色压力的形塑、因应角色压力的策略都是个人与环境因素互动发展的动态过程，而社会工作者所在的职业栖息地环境因素更具有决定性的影响。在职业发展的过程中，政府购买社会工作服务制度的非规范性、评估体系的非专业性、社会工作职业角色的不确定性以及职业的社会认同度较低等，都成为社会工作者角色压力形塑方面被感知到的宏观面向——结构性层面的影响因素。在运行不良的职业栖息地发展的过程中，社会工作者个体感到角色模糊、角色冲突、角色超载。特别值得注意的是，角色压力给社会工作者带来的职业伦理困境。因此，现存的社会工作运行制度需要进一步完善，方能从宏观层面减小对形塑社会工作者角色压力的影响。

（一）稳定社会工作行业发展环境

研究发现，社会工作者行业发展的环境充满变数。这种变数给社会工

作者带来很大的角色压力。面对随时撤岗的风险，社会工作者表示担心和担忧，不知道未来何去何从。因此，从宏观层面，政府需要为社会工作行业发展提供一个稳定的职业环境。第一，完善政府购买社会工作服务制度。明确规定政府购买专业服务的前因，即调研好真实需求，确实需要社会工作服务再开始确认专业服务购买过程，让专业服务购买有理有据。第二，建立政府购买社会工作服务的过程监督制度。明确中断、更换社会工作专业服务提供机构的客观具体条件，以防止出现因用人单位领导更换、利益转移发生的人为撤岗、更换购买社会工作服务机构的现象。第三，将用人单位、社会工作服务机构合作购买合同周期与项目发展续购周期加以区分。在条件符合的情况下，用人单位与社会工作服务机构合作的合同周期可适当延长 5~10 年，以确保专业服务的延续性和社会工作者岗位的稳定性。

（二）科学规范评估体系，引领社会工作迈向专业化

在政府购买社会工作服务所涉及的评估中，有 5 个利益主体，即政府购买方、社会工作服务机构、社会工作者、服务对象、第三方评估组织。理想中，第三方评估组织应独立于其他 4 个利益主体，客观收集利益主体的意见，结合专业理念和思维制定评估指标，以此来促进利益主体之间的良性互动，使社会工作者提供的服务逐渐迈向专业化。但实际上，A 市评估方也是依赖于政府出资方生存的第三方组织。因此，在这种依附的关系中，评估机构的评估体系依赖于政府领导者的管理思维、管理方式以及对社会工作者的角色期待，这进一步限制了评估机构的独立性和专业性。评估机构的独立性和专业性的缺失，进一步加深了评估失灵的潜在威胁（刘江 等，2020）。

在这种局面中，第一，政府相关部门应基于前面所提及的与高校联动的方式澄清社会工作者的角色、角色执行的内容，这有利于在评估互动之中避免行政化框架的指引，有利于建立相对客观的、专业的评估维度。第二，政府—高校—评估机构应建立良好的沟通机制，在三者有效的互动过

程中慢慢完善高效、公平、专业的评估体系。政府和评估机构可经过协商，适当引入评估研究做得较为前卫的高校专家加入评估体系的制定，共同为社会工作评估的科学发展奠定基础。第三，逐渐探索社会工作岗位或项目评估的前后测方式。建议在岗位或项目计划书前期就进行评估，评估服务的可行性和必要性，并发布评估的维度指标，以此引导岗位或项目的专业化发展。岗位或项目周期结束时，再用评估指标来评估岗位或项目的具体成效。第四，改革“一刀切”的评估体系。建议根据不同岗位或项目的实际特点来制定评估维度。

（三）清晰界定社会工作者角色及规范

研究发现，社会工作者角色不清晰和不规范造成了社会工作者在职业期间尤其在职业初期的角色模糊。另外，研究资料显示，社会工作者形塑职业角色时要用更多的时间和精力扮演间接服务角色，这让社会工作者经常处于职业伦理困境中。因此，清晰界定社会工作者角色及规范非常有必要。第一，建议政府积极与高校社会工作教育专家互动，通过调研社会工作者角色践行的经验，科学分析总结社会工作者应该践行的角色内涵，进而根据调研结果将社会工作者角色的定义、角色规范明确地纳入社会工作行业相关制度中。第二，政府可组织社会工作专业服务购买单位、社会工作协会、社会工作服务机构、社会工作者，循序渐进地开展关于“角色学习”的培训。在培训中，政府可以结合调研中梳理的经验，选取正反面经典案例向参训单位讲解社会工作者应发挥的角色作用，引导用人单位用好专业社会工作者，避免将社会工作者行政化，逐渐减缓社会工作者的角色模糊、角色冲突和角色超载。第三，政府可规范社会工作专业服务购买单位与社会工作服务机构签订的服务购买合同。规范专业服务购买单位用人机制，确保社会工作者在岗位或项目中发挥专业角色功能；规范社会工作服务具体服务量的最低要求和上限要求，避免社会工作者角色超载。第四，建立社会工作者角色功能发挥的监督体系。对社会工作专业服务购买单位是否正确发挥社会工作者的专业角色功能、社会工作者是否在岗位和项目中践行专业角色进行阶段性监督。

（四）系统推进社会工作的社会面宣传，提升社会工作者的职业地位

研究发现，职业身份的社会认同度低常常会加重社会工作者的角色压力。因此，系统推进社会工作的社会面宣传，提升社会工作者的职业地位，有利于降低社会工作者的角色压力。第一，建议政府指引社会工作协会制定“A市社会工作成效的社会面宣传制度”，调动政府资金力量，运用多元媒体拓展宣传平台、增加宣传途径，为社会工作职业做多角度宣传。例如，利用地铁、公交和市民收听较多的电台广播、关注较多的微信公众号，长期、系统地宣传社会工作，让社会工作走进市民视野，扩大社会工作职业的社会认知面，引导市民更深入地了解社会工作职业角色、工作内容以及如何联络社工寻求服务。第二，肯定和认可社会工作者在特殊事件中发挥的特殊贡献，例如新冠疫情防控期间社会工作者的突出贡献，这是彰显社会工作者社会地位的良好机会，可以增进社会大众对社会工作者的认可，迅速提升职业认知度。因此，政府和社会工作协会可在特殊时期利用多种途径扩大对社会工作行业的宣传，表彰有突出贡献的社会工作者。

（五）重塑社会工作协会的功能，为社会工作服务机构（者）提供成长导航和支持

社会工作协会本应是政府和社会工作服务机构之间的桥梁和纽带，应该为社会工作服务机构和社会工作提供成长导航和相关支持。但在研究访谈中得知，社会工作协会并没有发挥原本的功能，这加重了社会工作者的角色超载。建议重塑社会工作协会的功能。第一，加强社会工作协会的维护功能，促进其维护社会工作服务机构与用人单位之间关系的作用，维护社会工作服务机构和社会工作者的合法权益。第二，社会工作协会要维护社会工作服务机构的行业经营权益，引领行业机构之间良好地竞争专业服务岗位。第三，应该建立并完善行业可持续发展的长效保障机制，为社会工作服务机构及社会工作者的继续发展提供有力的培训支持、激励制度

等。第四，为社会工作者继续发展建立良好的职业互助系统，不断与政府互动探讨提升社会工作行业社会地位的方案。

三、提升社会工作服务机构管理能力，实现社会工作者与机构的有效互动

研究发现，社会工作者在产生角色压力时，有向社会工作服务机构求助的经历；也有社会工作服务机构主动鼓励或安慰社会工作者的情况。但社会工作者一致反映，社会工作服务机构能给予的支持非常有限。从原因上分析，这种情况源于社会工作服务机构与用人单位或服务购买单位权利不平等，社会工作服务机构的管理能力有限等。前者在短时间内无法平衡和解决，但后者尚有提升和解决的空间。充足的人力资源是机构管理能力提升的基础，因此，第一，建议社会工作服务机构能够在资金条件允许的情况下按照行政与服务人员科学的比例配备管理层人力资源，使给予一线社会工作者的保障服务和支持更加及时。第二，建议社会工作服务机构阶段性评估和完善对社会工作者支持和关怀的力度和效果。随着社会工作服务机构规模的逐渐扩大，业务范围越来越广，社会工作服务机构的管理倾向于应付用人单位的各种投标、拿项目，不再将重心放在已有的岗位、项目或者社会工作者身上。因此，社会工作服务机构对社会工作者经常缺乏情感、心理、能力支持，不能及时认可社会工作者的工作成效，这导致了社会工作者角色压力的增大。社会工作服务机构应在人力充足的情况下做好管理层人员的分工，对社会工作者分层管理，分层调研其需求，分层给予其不同面向的支持，以预防社会工作者角色压力的累积形成。第三，社会工作服务机构非常重要的职责是培训社会工作者具备职业素能。社会工作者职业发展之初，需要经过培训才能履行工作之职务；随着社会工作者个人在组织的工作生涯的发展，也可能因组织内部、外部环境的变异，如组织对个人的新期待、职位或职务的异动、组织发展的需要或政府新规范的制订等，而需要不断地接受训练（曾华源 等，2017）。因此，建议社会工作服务机构多与用人单位、高校社会工作专业专家互动，探讨针对不同

阶段、不同层次社会工作者的能力培训体系，为社会工作者提供业务能力支持，特别是关于压力管理培训的设计与开展。

四、发挥督导的教育与支持功能，增强社会工作者因应角色压力的能力

研究发现，社会工作者在职业发展过程中，督导对其的支持相对较弱。而督导所提供的工具性支援与信息支持可能缓解一线社会工作者的心理压力，连带疏解一线社会工作者可能的耗竭与对工作的不满（徐明心，2008）。因此，督导应该在社会工作者职业发展的不同阶段充分发挥教育与支持功能，预防或缓解社会工作者即将或已经产生的角色压力，避免职业耗竭的产生。在社会工作者耗竭的所有阶段，督导都可以提供4种支持，即情绪支持、工作评估、工具性支持和信息支持（Himele et al.，1989）。因此，结合本研究发现，督导可以在社会工作者的职业发展初期给予其情绪支持，缓解社会工作者初到职场面对角色模糊、角色冲突的担心、焦虑情绪；给予其工具性支持和信息支持，引导社会工作者开展工作。同时，及时评估社会工作者的工作，及时给予认可，让社会工作者逐渐积累较强的安全感。而在社会工作者职业发展过程中，督导也应该视社会工作者角色压力的不同强度和压力源提供相应的教育与支持。特别是处于待岗、转岗、遇到职业瓶颈期等特殊转衔时期以及处于特殊领域的社会工作者，更加需要督导的关注和支持。

五、培育社会工作者个体韧性，提升社会工作者因应角色压力的胜任力

社会工作者的工作要求很高，面临诸多角色挑战。研究发现，A市的社会工作者在职业发展过程中面临着不同类型的角色压力。社会工作者要想在职场上持续地就职、晋升，需要积极地增强因应行业中挑战的能力。社会工作者所具备的个体韧性十分关键。韧性（resilience）是能够从逆境、不确定、冲突和失败中恢复过来的能力以及超越平凡的意志力（Luthams，

2002）。职业韧性中的个体韧性包括个人特质（责任心、情绪稳定性、开放性、外倾性、宜人性、内控点、自我效能等）、技能（职业技能、技术能力、时间管理技能和人际沟通技能）、态度（职业导向、无边界职业生涯导向等）、行为与习惯（体育运动、自理、寻求帮助、对健身的思考、专业发展等）（Mishra et al.，2017）。因此，建议社会工作者通过个体自我成长，参加社会工作协会、社会工作服务机构的相关培训，不断培育个体韧性，以进一步提升个体因应角色压力的胜任力。

第五节　研究局限与未来展望

一、研究局限

（一）样本来源的相关限制

本研究深度访谈的对象是通过熟悉的机构人力资源部门推荐而得。研究者因为曾经的一线社会工作从业经历而与部分受访者熟悉，这样的人际基础有利于研究者与受访者建立深度的访谈关系，挖掘到内涵本质，但是因为无法平均选取A市不同镇街的研究样本，很可能会出现不同镇街社会工作嵌入式发展不同的影响差异，从而可能从不同的面向影响对社会工作者角色压力的形塑情况的了解与掌握。

（二）研究方法的限制

本研究从社会工作者的个体经验出发，进而认知他们在社会工作嵌入式发展过程中经历的角色、角色压力以及因应角色压力的策略。然而，人与环境的互动结果受到双方的影响，从社会工作者的主观认知来探讨本研究的问题具有一定的单向主观性，我们无法断言社会工作者所在的职业栖息地的利益相关单位没有尽力履行他们促进社会工作行业发展的职责。另外，社会工作者的年龄以及现阶段的职业发展阶段，都有可能影响他们对所经历的职业脉络的理解和诠释。因此，本研究仅仅是尽可能地说明所选样本的社会工作者关于角色、角色压力与角色压力因应的经验与探讨，无法推论到其他城市或处在不同购买方式之下的社会工作者。

二、未来展望

（一）对社会工作者与其利益相关者关系的进一步理解

从本研究的研究发现可以得知，社会工作者的利益相关者是影响社会工作者角色形塑、角色压力形塑的重要因素。然而，目前已有的研究对社会工作者与其利益相关者的关系的研究非常有限。本研究仅仅从社会工作者的角度做了一些片面的探索和了解。因此，若未来能以社会工作者的利益相关者为研究主体，相信对社会工作者的角色扮演、角色压力的形塑历程的整体样貌将会有全面的掌握，从而具有更深度的意义。

（二）对社会工作者因应角色压力的策略与影响因素的关系进一步探讨

目前，学界对企业员工或高校教师、医院医生在压力因应的策略与影响因素的关系上有一定的探索，但对社会工作领域员工的压力因应与其影响因素的关系的研究较少。事实上，社会工作者长期提供无偿或低偿社会服务，职业环境充满各种挑战，很容易因为长期面临角色压力而感到职业倦怠。他们因应角色压力的策略与影响因素是什么关系？这个问题的研究将对如何提高社会工作者整体素能、社会工作组织如何培育社会工作者等具有重要意义。

参考文献

一、中文部分

RUBIN A，BABBIE，E R. 社会工作研究方法［M］.2 版．赵碧华，朱美珍，钟道诠，译．台北：心理出版社，2013.

安德烈耶娃．西方现代社会心理学［M］．北京：人民教育出版社，1987.

安秋玲．社会工作者职业认同的影响因素［J］．华东理工大学学报（社会科学版），2010，25（2）：39-47.

白倩如．少女从事与离退性交易历程之研究：巢穴中的爱与生存［D］．台北：台湾暨南国际大学，2012.

蔡锐星．职业韧性的概念、演变及展望［J］．山东工商学院学报，2022，36（2）：82-91.

陈锋，侯同佳．政府购买社会服务的悖论：对社会组织参与社区治理的观察［J］．文化纵横，2020（1）：111-118+143.

陈恒钧，黄婉玲 译．社会政策与计划分析：实用方法论观点［M］．台北：学富文化，2006.

陈向明．社会科学质的研究［M］．台北：五南图书出版公司，2002.

冯元，彭华民．中国社会工作政策发展的背景、动力与价值［J］．中州学刊，2016（1）：62-68.

顾盼．上下级沟通、角色压力与知识共享及工作满意度研究［D］．杭州：浙江大学，2007.

管兵．竞争性与反向嵌入性：政府购买服务与社会组织发展［J］．公共管理学报，2015，12（3）：83-92+158.

郭锦蒙，韩央迪．社会工作视野中的情感劳动研究：内涵特征、影响因素及应对策略［J］．社会工作与管理，2021，21（3）：54-62.

郭为藩．角色理论在教育学上之意义（下）［J］．师友月刊，1971（51）：16-19.

韩江风．嵌入性理论视域下中国特色社会工作的转型与制度化建构［J］．重庆三峡学院学报，2019，35（3）：33-43.

何雪松，熊薇．社会工作的"时势权力"［J］．社会工作，2013（5）：3-6+150.

赫伯特·J. 鲁宾．质性访谈方法：聆听与提问的艺术［M］．卢晖临，等译．重庆：重庆大学出版社，2010.

简春安，赵善如．社会工作哲学与伦理［M］．台北：巨流出版社，2008.

金盛华．社会心理学［M］．北京：高等教育出版社，2005.

乐国安．社会心理学［M］．2 版．北京：中国人民大学出版社，2013.

冷静静，伍娟．社会工作者的职业两难困境研究［J］．四川劳动保障，2016（S2）：85-87.

李长贵．社会心理学［M］．台北：台湾书局，1973.

李汉林，渠敬东，夏传玲，等．组织和制度变迁的社会过程：一种拟议的综合分析［J］．中国社会科学，2005（1）：94-108+207.

李学会．社会工作者的职业流动：研究现状与扩展方向［J］．社会工作与管理，2016，16（2）：70-77.

李迎生，李冰．走向系统：近十年来中国社会工作政策发展的轨迹［J］．社会科学，2016（12）：74-83.

廖鸿冰，廖彪．以社区为基础的政府购买社会服务路向研究：基于社会治理结构变迁视角［J］．广西社会科学，2021（2）：15-22.

廖鸿冰．论我国高校社会工作专业教育的职业化取向［J］．社会工作与管理，2016，16（2）：78-83.

林东龙，范丽娟．高龄志工角色压力初探［J］．社区发展季刊，1998：146-156.

林美珍．部门管理人员感知的组织支持与组织氛围对旅游企业员工角色压力的影响［J］．旅游科学，2014，28（1）：31-43.

林万亿．当代社会工作：理论与方法［M］．台北：五南图书出版股份有限公司，2015.

刘斌志，谭坤成．论社会工作核心能力的培育：基于实习与督导的反思［J］．社会工作，2015（5）：118-124+128.

刘建．东莞市社会工作服务评估的现状及发展探析［J］．岭南学术研究，2018，13（4）：4.

刘江，张闻达．社会工作评估研究的四种进路：基于我国中文研究文献的系统评价［J］．华东理工大学学报（社会科学版），2020，35（4）：50-63+100.

派恩．现代社会工作理论［M］．3 版．冯亚丽，叶鹏飞，译．北京：中国人民大学出版社，2008.

彭桂芳．浅谈加快东莞社会工作人才建设［J］．新西部（理论版），2015（20）：38+13.

彭华民，杨心恒．社会学概论［M］．北京：高等教育出版社，2006.

乔纳森．现代西方社会学理论［M］．范伟达，译．天津：天津人民出版社，2019.

丘海雄，于永慧．嵌入性与根植性：产业集群研究中两个概念的辨析［J］．广东社会科学，2007（1）：175-181.

ZASTROW C H. 社会工作实务：应用与提高［M］．晏凤鸣，译．北京：中国人民大学出版社，2005.

宋言奇，余力．“嵌入”视角下我国社会工作发展的困境与对策［J］．南通大学学报（社会科学版），2016，32（2）：126-131.

莎士比亚．莎士比亚四大悲剧［M］．孙大雨，译．上海：上海译文出版社，2006.

孙斐，黄锐．灵活专业主义：政府购买服务项目背景下社会工作者核心能力：来自上海的质性研究［J］．华东理工大学学报（社会科学版），2020，35（2）：21-31.

谭磊．我国公办福利机构引入社会工作专业服务的缘由、路径与趋势［J］．广西社会科学，2020（12）：78-85.

童敏．社会工作理论［M］．北京：社会科学文献出版社，2019.

王恩见，郑子叶，司佳承．社会工作自我关怀：西方经验与启示［J］．华东理工大学学报（社会科学版），2021，36（6）：20-32.

王宁．消费行为的制度嵌入性：消费社会学的一个研究纲领［J］．中山大学学报（社会科学版），2008（4）：140-145+206.

王上．情绪劳动对社会工作者职业倦怠的影响与机制［J］．华东理工大学学报（社会科学版），2021，36（4）：66-77+90.

王思斌，阮曾媛琪．和谐社会建设背景下中国社会工作的发展［J］．中国社会科学，2009（5）：128-140+207.

王思斌．非协调转型背景下中国社会工作教育的发展［J］．北京科技大学学报（社会科学版），2004（1）：24-29.

王思斌．社会工作的专业情感与理性实践［J］．中国社会工作，2020（7）：46.

王思斌．社会工作概论［M］．2版．北京：北京教育出版社，2008.

王思斌．社会工作专业化及本土化实践：中国社会工作教育协会2003~2004论文集［M］//熊跃根．论中国社会工作本土化发展过程中的实践逻辑与体制嵌入：中国社会工作专业教育10年的经验反思．北京：社会科学文献出版社，2003.

王思斌．体制转变中社会工作的职业化进程［J］．北京科技大学学报（社会科学版），2006（1）：1-5+12.

王思斌．中国社会工作的嵌入性发展［J］．社会科学战线，2011（2）：206-222.

王卫平，许丽英．关于医务社会工作者在协调医患关系中角色定位的思考：以福建省医务社会工作者介入为例［J］．福建论坛（人文社会科学版），2010（10）：167-169.

王笑．角色管理：社工角色的困境与解决［J］．长春工程学院学报（社会科学版），2014，15（4）：44-47.

王勇．社会工作最新数据来了。民政部将从三方面加强社工专业人才队伍建设［EB/OL］．https：//m. thepaper. cn/baijiahao-15247440.

魏玉东，吴天娇．社会工作专业教育的社会化合作培养模式研究［J］．沈阳工程学院学报（社会科学版），2020，16（2）：84-87.

文军，吕洁琼．社会工作专业化：何以可能，何以可为？［J］．河北学刊，2018，38（4）：156-163+174.

吴甘霖．政府购买“服务”：从“岗位”到“项目”：基于深圳的实践与启示［J］．社科纵横（新理论版），2013，28（3）：147-149.

徐道稳．论社会救助与社会工作的融合［J］．华东理工大学学报（社会科学版），2008（3）：21-26.

徐道稳．中国社会工作行政化发展模式及其转型［J］．社会科学，2017（10）：90-97.

徐道稳．中国社会工作职业化制度体系研究［M］．北京：中国社会出版社，2022.

徐明心．社会工作督导脉络与概念［M］．台湾：心理出版社，2008.

徐双敏，张景平．政府购买服务政策实施中的人才阻滞及消解［J］．行政论坛，2016，23（2）：63-67.

徐晓军，孙权．从助人者到边缘人：中国社会工作者职业困境研究［J］．社会工作，2018（3）：3-10+109.

徐选国，杨絮．农村社区发展、社会工作介入与整合性治理：兼论我国农村社会工作的范式转向［J］．华东理工大学学报（社会科学版），2016，31（5）：8-17.

徐选国．从嵌入系统到嵌入生活：我国社会工作的范式转向与时代选择［J］．社会工作与管理，2019，19（3）：7-15.

徐永祥．建构式社会工作与灾后社会重建：核心理念与服务模式：基于上海社工服务团赴川援助的实践经验分析［J］．华东理工大学学报（社会科学版），2009，24（1）：1-3+15.

徐子彬，梁昆．被抑制的角色：岗位社工行政化研究：以 A 市为例［J］．社会工作与管理，2017，17（3）：53-60.

徐宗国．扎根理论研究法：渊源、原则、技术与涵义［M］// 胡幼慧，编．质性研究：理论、方法与本土女性研究实例．台北：巨流出版社，1996：47-73.

杨发祥，叶淑静．结构性约束与主体性建构：社会工作者的职业认同［J］．江海学刊，2016（6）：101-109+238.

杨中芳．如何理解中国人：文化与个人论文集［M］．重庆：重庆大学出版社，2009.

尹保华．试论中国社会工作职业化［J］．社会主义研究，2008（1）：116-118.

岳经纶，王燊成．社会服务管理中的管理主义与专业主义张力：基于政府购买社会服务的分析［J］．行政论坛，2018，25（1）：34-42.

曾华源，等．社会工作管理［M］．台北：洪叶文化事业有限公司，2017.

曾华源，等．社会工作专业价值与伦理概论［M］．台北：洪叶文化事业有限公司，2016.

曾华源，等．社会工作专业人才之就业力：兼论对专业教育与证照考试之反思［J］．社区发展季刊，2021，173，20-37.

曾华源．社会工作实习教学者的教学内容与教学方法之调查分析［J］．东海学报，1994，35，173-193.

曾焕裕．社工督导：理论与实务［M］．刘晓春，译．台北：洪叶文化事业有限公司，2015.

张本效．“社工”城镇化角色分析：基于九星村城镇化问题调查［J］．

华东理工大学学报（社会科学版），2010，25（5）：7-12.

张春泥，刘林平．网络的差异性和求职效果：农民工利用关系求职的效果研究［J］．社会学研究，2008（4）：138-162+244.

张明寮．我国台湾地区金融控股公司银行主管工作压力、职业倦怠暨因应策略研究［D］．苏州：苏州大学，2007.

张晓红．社会工作本土化实践中的伦理困境：以广州市家庭综合服务中心模式为例［J］．社会工作与管理，2015，15（4）：23-29+89.

张昱，滕明君．建党百年来中国社会工作政策嬗变逻辑及现实启示［J］．社会工作与管理，2021，21（5）：90-96.

张昱．嵌入抑或转型：社会工作发展路径思考［J］．中国社会工作，2012，33，54-54.

赵迪．社会工作者主观社会地位认同的影响因素［J］．华东理工大学学报（社会科学版），2021，36（3）：30-45.

赵怀娟，林卡．需求与供给：中国社会工作职业发展环境分析［J］．山东社会科学，2012（6）：21-26.

赵凯．销售人员角色压力、组织承诺和工作投入的关系研究［D］．长春：吉林大学，2015.

赵琼．专业社会工作嵌入性发展的阶段性再探索［J］．社会工作与管理，2016，16（6）：5-12.

赵一红．我国社会工作硕士教育的理念与目标探讨［J］．中国社会工作，2012，31，32-34.

中国社会工作协会．中国社会工作发展报告（1988—2008）［M］//吴择，陈良瑾，张昱．中国社会工作二十年发展状况分析与前瞻．北京：社会科学文献出版社，2009.

钟莲香，罗美清，曾朱玲．社会工作者在个人照顾计划服务中的角色定位［J］．劳动保障世界，2019（8）：59-64.

周沛．谈社会工作实务的“介入性”与“嵌入性”［J］．浙江工商大学学报，2011（4）：88-89+85.

朱健刚，陈安娜．嵌入中的专业社会工作与街区权力关系：对一个政府购买服务项目的个案分析［J］．社会学研究，2013（1）：15-15.

朱增．社会工作“华丽转身”需跨越三道坎：以东莞市社会工作发展为例［J］．中国社会工作，2012：28，36-37.

二、英文部分

AFFLECK，G. & TENNEN，H.（1996）. Construing benefits from adversity：Adaptational significance and dispositional underpinnings [J]. Journal of Personality，64，899-922.

ANGELO，R. P.，& CHAMBEL，M. J.（2014）. The role of proactive coping in the job demands - resources model. European J. of Work and Organizational Psychology，23（2），203-216.

ARCHES，J.（1991）. Social structure，burnout，and job satisfaction. Social Work，36，202-206.

ARNETZ，J. E. & ARNETZ，B. B.（2001）. Violence towards health care staff and possible effects on the quality of patient care. Social Science & Medicine，52，417-427.

ASPINWALL，L. G. & TAYLOR，S.（1997）. A stitch in time：Self-regulation and proactive coping. Psychological Bulletin，121，417.

BALLOCH，S.，PAHL，J.，& MCLEAN，J.（1998）. Working in the social services：Job satisfaction，stress and violence. The British Journal of Social Work，28（3），329-350.

BAIRD，S.，& JENKINS，S. R.（2003）. Vicarious traumatization，secondary traumatic stress，and burnout in sexual assault and domestic violence agency staff. Violence and victims，18（1），71-86.

BILLINGS，A. G. & MOOS，R. H.（1981）. The role of coping responses and social resources in attenuating the stress of life events. Journal of Behavioral Medicine，4，139-57.

BIDDLE, B. J. (1986). Recent developments in role theory. Annual Review of Sociology, 12 (1), 67-92.

BRUEGGEMANN, W. G. (2013). The practice of macro social work. Nelson Education.

BRIGGS, F., BROADHURST, D., & HAWKINS, R. (2004). Violence, threats and intimidation in the lives of professionals whose work involves children. Trends and issues in Crime and Criminal Justice, 273, 1-6.

BURR V. (1995). Introduction to Social Constructionism. London: Routledge.

BURKE, R. J. (2002). Work stress and coping in organizations; Progress and prospects. In E. Frydenberg (ed.), Beyond Coping: Meeting goals, visions, and challenges. Oxford: Oxford University Press, 83-106.

CHRISTOFOROU, A., MAKANTASI, E., PIERRAKAKIS, K., & TSAKLOGLOU, P. (2021). Intergenerational transmission of resources and values in times of crisis: Shifts in young adults' employment and education in Greece. In Tosun J., Pauknerovά D., Kittel B. (eds) Intergenerational Transmission and Economic Self-Sufficiency. London, UK: Palgrave Macmillan.

CHARMAZ, K. (2011). Grounded theory methods in social justice research. The Sage Handbook of Qualitative Research, 4, 359-380.

CHARMAZ, K. (2014). Constructing grounded theory. London: Sage.

CHURCHILL, G., FORD, N., &WALKER, O. (1976). Organizational climate and job satisfaction in the salesforce. Journal of Marketing Research, 13, 323-332.

COELHO, F., AUGUSTO, M., & LAGES, L. F. (2011). Contextual factors and the creativity of frontline employees: the mediating effects of role stress and intrinsic motivation. Journal of Retailing, 87 (1), 31-45.

COLLINS, S. (2007). Social workers, resilience, positive emotions and optimism. Practice: Social Work in Action, 19 (4), 255-269.

CONNOR-SMITH, J. K. & FLACHSBART, C. (2007). Relations

between personality and coping: A meta - analysis. Journal of Personality and Social Psychology, 93, 1080- 107.

COHEN, S., & WILLS, T. A. (1985). Stress, social support, and the buffering hypothesis. Psychological bulletin, 98 (2), 310- 357.

COLLINGS, J. & MURRAY, P. (1996). Predictors of stress amongst social workers: An empirical study. British Journal of Social Work, 26, 375- 387.

CORBIN, J. M., & STRAUSS, A. (1990). Grounded theory research: Procedures, canons, and evaluative criteria. Qualitative sociology, 13 (1), 3- 21.

CREARY, S. J., & GORDON, J. R. (2016). Role conflict, role overload, and role strain. Encyclopedia of family studies, 1- 6.

CRESWELL, J. W. (2002). Educational research: Planning, conducting, and evaluating quantitative. New Jersey: Upper Saddle River.

CROSNO, J. L., RINALDO, S. B., BLACK, H. G., & KELLEY, S. W. (2009). Half full or half empty: The role of optimism in boundary - spanning positions. Journal of Service Research, 11 (3), 295- 309.

CRANT, J. M. (2000). Proactive behaviour in organizations. Journal of Management, 26 (3), 435- 462.

CRESWELL, J. W. (1998). Qualitative research and research design: Choosing among five traditions. London: Thousand Oaks.

CROSNO, J. L., RINALDO, S. B., BLACK, H. G., & KELLEY, S. W. (2009). Half full or half empty: The role of optimism in boundary - spanning positions. Journal of Service Research, 11 (3), 295- 309.

DEMEROUTI, E., BAKKER, A. B., NACHREINER, F., & SCHAUFELI, W. B. (2001). The job demands- resources model of burnout. Journal of Applied psychology, 86 (3), 499- 512.

DEVI, ARTI, & SHARMA, JYOTI (2013). Investigating Role Stress in Frontline Bank Employees: A Cluster Based Approach. IIMB Management

Review, 25 (3), 171-178.

DEWE, P. J. & COOPER, C. (2007). Coping research and measurement in the context of work-related stress. In G. Hodgkinson & K. Ford (eds), International Review of Industrial and Organizational Psychology 22. Chichester: John Wiley & Sons, Ltd., 141-91.

DEWE, P. J. (2008). Positive coping strategies at work. In A. Kinder, R. Hughes & C. L. Cooper (eds), Employee Well-Being Support: A workplace resource. Chichester: John Wiley & Sons, Ltd., 91-8.

DEPANFILIS, D., & ZLOTNIK, J. L. (2008). Retention of front-line staff in child welfare: A systematic review of research. Children and Youth Services Review, 30 (9), 995-1008.

DILLON, C. (1990). Managing stress in health social work roles today. Social Work in Health Care, 14, 91-108.

DIGNAM, J. T., BARRERA JR, M., & WEST, S. G. (1986). Occupational stress, social support, and burnout among correctional officers. American journal of community psychology, 14 (2), 177-193.

EDWARDS, A. B., ZARIT, S. H., STEPHENS, M. A. P., & TOWNSEND, A. (2002). Employed family caregivers of cognitively impaired elderly: An examination of role strain and depressive symptoms. Aging & Mental Health, 6 (1), 55-61.

FEI, X. T. (1998). Xiangtu Zhongguo Shengyu Zhidu. Beijing: Peking University Press.

FOGARTY, T. J., SINGH, J., RHOADS, G. K., & MOORE, R. K. (2000). Antecedents and consequences of burnout in accounting: Beyond the role stress model. Behavioral Research in Accounting, 12, 31-68.

FORD, N. M., WALKER, O. C., & CHURCHILL, G. A. (1976). The psychological consequences of role conflict and ambiguity in the industrial salesforce. Graduate School of Business, University of Wisconsin-Madison.

FOLKMAN, S. & MOSKOWITZ, J. T. (2004). Coping: Pitfalls and promise. Annual Review of Psychology, 55, 745-74.

FOLKMAN, S. & LAZARUS, R. (1985). If it changes, it must be a process: Study of emotion and coping during three stages of a college examination. Journal of Personality and Social Psychology, 48, 150-70.

FOLKMAN, S. & MOSKOWITZ, J. T. (2004). Coping: Pitfalls and promise. Annual Review of Psychology, 55, 745-74.

FOLKMAN, S., & LAZARUS, R. S. (1989). An analysis of coping in a middle-aged community sample. The Japanese journal of nursing research, 21 (4), 337-359.

FREDRICKSON, B. L. (2001). The role of positive emotions in positive psycholog. American Psychologist, 56, 218-26.

GAO, J. G., & YAN, M. C.. (2015). Social work in the making: the state and social work development in China. International Journal of Social Welfare, 24 (1).

GERMAIN, C. B., & GITTERMAN, A. (1995). Ecological perspective. In A. Minahan (ed.).

GERMAIN, C. (1979). Social work practice: People and environments. New York: Columbia University Press.

GIBSON, F., MCGRATH, A. & REID, N. (1989). Occupational stress in social work. British Journal of Social Work, 19, 1-6.

GITTERMAN, A., & GITTERMAN, C. B. (1976). Social work practice: A Life model. Social Service Review, 50 (5), 601-610.

GITTERMAN, A., & GERMAIN, C. B. (2008). The Life Model of Social Work Practice: Advances in Theory and Practice (3th eds.). New York: Columbia University.

GREENE, R. R. (2008). "Carl Rogers and the person - centered approach." In Roberta R. Greene (ed.). Human behavior theory and social work practice. New Jersey: Transaction Publishers.

GREENGLASS, E. (2002). Proactive coping. In: Frydenberg, E. (Ed.), Beyond coping: Meeting goals, vision, and challenges. London: Oxford University Press pp. 37-62. Chapter 3.

GUBA, E. G., & LINCOLN, Y. S. (1989). Fourth generation evaluation. Sage.

HARDY, M. E., & CONWAY, M. E. (1988). Role theory: Perspectives for health professionals. Appleton & Lange.

HASENFELD, Y., & PATON, A. (1983). Human service organizations (p. 50). Englewood Cliffs, NJ: Prentice-Hall.

HOBFOLL, S. E. (1988). The ecology of stress. Hemisphere, Washington, DC.

HOBFOLL, S. E. (2001). The influence of culture, community and the nested-self in the stress process. Journal of Applied Psychology, 50, 337-396.

HOBFOLL, S. E. (2002). Social and psychological resources and adaptation. Review of General Psychology, 6, 307-324.

HOUSE, J. S. (1981). Work stress and social support. Reading, MA: Addison-Wesley.

HOUKES, I., JANSSEN, P. P. M., DE JONGE, J., & BAKKER, A. B. (2003). Specific determinants of intrinsic work motivation, emotional exhaustion and turnover intention: A multissample longitudinal study. Journal of Occupational and Organizational Psychology, 76, 427-450.

HIMELE, D. P., JAYARATNE, S., & THYNESS, P. A. (1989). The buffering effects of four types of supervisory support on work stress. Administrision in Social Work, 13 (1), 19-34.

JAYARATNE, S., VINOKUR - KAPLAN, D., NAGDA, B. A., & CHESS, W. A. (1996). A national study on violence and harassment of social workers by clients. The Journal of Applied Social Sciences, 20, 1-14.

JESÚS BRAVO, MARIA, MARIA PEIRÓ, JOSÉ, RODRIGUEZ, I., & T. WHITELY, W. (2003). Social antecedents of the role stress and career-enhancing strategies of newcomers to organizations: a longitudinal study. Work & Stress, 17 (3), 195-217.

JONES, E., CHONKO, L., RANGARAJAN, D., & ROBERTS, J. (2007). The role of overload on job attitudes, turnover intentions, and salesperson performance. Journal of Business Research, 60 (7), 663-671.

JONES, F., FLETCHER, B., & IBBETSON, K. (1991). Stressors and strains amongst social workers: Demands, constraints, and psychological health. British Journal of Social Work, 21, 443-469.

JONES, C., & NOVAK, T. (1993). Social work today. British Journal of Social Work, 23, 195-212.

KADUSHIN, G., & KULYS, R. (1995). Job satisfaction among social work discharge planners. Health and Social Work, 20, 174-186.

KAHN, R. L., WOLFE, D. M., QUINN, R. P., SNOEK, J. D., & ROSENTHAL, R. A. (1964). Organizational stress: studies in role conflict and ambiguity. American Sociological Review, 10 (1).

KARASEK, R., & THEORELL, T. (1990). Healthy work. New York: Basic Books.

KADUSHIN, G., & EGAN, M. (2001). Ethical dilemmas in home health care: A social work perspective. Health & social work, 26 (3), 136-149.

KD RUYTER, M WETZELS, & R FEINBERG. (2001). Role stress in call centers: its effects on employee performance and satisfaction. Journal of Interactive Marketing.

KEMP S. P., WHITTAKER, J. K., &TRACY, E. (1997). Person-environment practice: The social ecology of interpersonal helping. New York: Aldine de Gruyter.

KIM, H., & STONER, M. (2008). Burnout and turnover intention among social workers: Effects of role stress, job autonomy and social support. Administration in Social work, 32 (3), 5-25.

KIM, B., MURRMANN, S. K., & LEE, G. (2009). Moderating effects of gender and organizational level between role stress and job satisfaction among hotel employees. International Journal of Hospitality Management, 28 (4), 612-619.

KINMAN G AND GRANT L (2011). Exploring stress resilience in trainee social workers: The role of emotional and social competencies. British Journal of Social Work, 41 (2), 261-275.

KOUSTELIOS, A., THEODORAKIS, N., & GOULIMARIS, D. (2004). Role ambiguity, role conflict and job satisfaction among physical education teachers in Greece. International Journal of Educational Management, 18 (2), 87-92.

KOESKE, G. F., & KOESKE, R. D. (1989). Construct validity of the Maslach Burnout Inventory: A critical review and reconceptualization. The Journal of Applied Behavioral Science, 25 (2), 131-144.

KVALE, S. (1996). InterViews: an introduction to qualitive research interviewing. Sage.

LAMBERT, E. G., HOGAN, N. L., & TUCKER, K. A. (2009). Problems at work: Exploring the correlates of role stress among correctional staff. The Prison Journal, 89 (4), 460-481.

LAZARUS, R., & FOLKMAN, S. (1984). Stress, Appraisal, and Coping. New York, NY: Springer.

LAZARUS, R. S. (1990). Theory - based stress measurement. Psychological Inquiry, 1, 3-13.

LAZARUS, R. S. (2001). Relational meaning and discrete emotions. In K. R. Scherer, A. Schorr& T. Johnstone (eds), Appraisal Processes in Emotion. Oxford: Oxford University Press, 37-67.

LITTLECHILD, B. (2005). The stresses arising from violence, threats and aggression child protection social workers. Journal of Social Work, 5, 61-82.

LUTHAMS F. (2002). The Need for and Meaning of Positive Organizational Behavior. Journal of Organizational Behavior, 23, 695-706.

MALLETT, K., JURS, S. G., PRICE, J. H., & SLENKER, S. (1991). Relationships among burnout, death anxiety, and social support in hospice and critical care nurses. Psychological reports, 68 (3_ suppl), 1347-1359.

MARSHALL, C., & ROSSMAN, G. B. (2014). Designing qualitative research. Sage publications.

MCLEAN, J. & ANDREW, T. (2000). Commitment, satisfaction, stress and control among social services managers and social workers in the UK. Administration in Social Work, 23, 93-117.

MISHRA P, MCDONALD K. (2017). Career resilience: An integrated review of empirical literature. The Japanese journal of psychology, 86, 150-159.

MOR, V., & LALIBERTE, L. (1984). Burnout among hospice staff. Health& social work, 9 (4), 274-283.

MORLEY, M. J., & FLYNN, M. (2003). The relationship between work-role characteristics and intercultural transitional adjustment domain patterns among a sample of US and Canadian expatriates on assignment in Ireland. Cross Cultural Management: An International Journal, 10 (3), 42-57.

MOBILY, P. R., MAAS, M. L., BUCKWALTER, K. C., & KELLEY, L. S. (1992). Staff stress on an alzheimer's unit. Journal of Psychosocial Nursing& Mental Health Services, 30 (9), 25.

MOR BARAK, M. E., LEVIN, A., NISSLY, J. A., & LANE, C. J. (2006). Why do they leave? Modeling child welfare workers' turnover intentions. Children and Youth Services Review, 28, 548-77.

MOR BARAK, M. E., NISSLY, J. A., & LEVIN, A. (2001). Antecedents to retention and turnover among child welfare, social work, and other human service employees: What can we learn from past research? A review and meta-analysis. Social Service Review, 75 (4), 625-662.

MUKHERJEE, A., & MALHOTRA, N. (2006). Does role clarity explain employee - perceived service quality? A study of antecedents and consequences in call centres. International Journal of Service Industry Management, 17 (5), 444-473.

MUNSON, C. E. (2002). Handbook of Clinical Social Workers Supervision (3rd edn). Binghamton, NY: Hawthorn Press.

NASW (2008). NASW Code Ethic. Retrieved from http://www.naswdc.org/pubs/code/code.asp.

NISSLY, J. A., & MOR BARAK, M. E., & LEVIN, A. (2005). Stress, social support, and workers' intentions to leave their jobs in public child welfare. Administration in Social Work, 29, 79-100.

HEPWORTH, D. H., ROONEY, R. H., ROONEY, G. D., STROM-GOTTFRIED, K. & LARSON, J. (2010). Direct Social Work Practice: Theory and Skills (8th edn), Belmont, CA: Brooks/Cole.

HORWITZ, M. J. (2006). Work-related trauma effects in child protection social workers. Journal of Social Service Research, 32 (3), 1-18.

HOPKINS, K. M. (2002). Organizational citizenship in social service agencies. Administration in Social Work, 26 (2), 1-15.

HOUSE, J. S. (1981). Work stress and social support. Reading, MA: Addison-Wesley.

O'BRIEN, T. B., & DELONGIS, A. (1996). The interactional context of problem-, emotion-, and relationship-focused coping: The role of the big-five personality factors. Journal of Personality, 64, 775-813.

ÖRTQVIST, D., & WINCENT, J. (2010). Role stress, exhaustion, and satisfaction: a cross - lagged structural equation modeling approach supporting hobfoll's loss spirals. Journal of Applied Social Psychology, 40 (6), 1357 - 1384.

PATTON, M. Q. (1995) . Two decades of developments in qualitative inquiry: A personal, experiential perspective. Qualitative social work, 1 (3), 261-283.

PAYNE, A., & FROW, P. (2005) . A strategic framework for customer relationship management. Journal of Marketing.

PARKER, J. D. A., & ENDLE, N. S. (1996) . Coping and defence: A historical overview. In M. Zeidner& N. S. Endler (eds), Handbook of Coping: Theory, research applications. New York: John Wiley& Sons, Inc, pp. 3-23.

PARK, T. Y., & SHAW, J. D. (2013) . Turnover rates and organizational performance: a meta- analysis. Journal of Applied Psychology, 98 (2), 268-309.

PATTI, R. (2000) . The handbook of social welfare management. Thousand Oaks, CA.: Sage Publications.

PEIRO, J. M. (2007) . Stress and coping at work: New research trends and their implications for practice. In: Naswall, K., Hellgren, J., Sverke, M. (Eds.), The individual in the changing working life. Cambridge University Press, Cambridge, UK, pp. 284-310.

PETERSON, M. F., SMITH, P. B., AKANDE, A., AYESTARAN, S., BOCHNER, S., CALLAN, V., ... SVENDSEN, I. (1995) . Role conflict, ambiguity, and overload: A 21-nation study. Academy of Management Journal, 38 (2), 429-452.

PIERCE, C. M. B., & MOLLOY, G. N. (1990) . Psychological and biographical differences between secondary school teachers experiencing high and low levels of burnout. British Journal of Educational Psychology, 60 (1), 37-51.

REAMER, F. G. (1985). The emergence of bioethics in social work. Health& Social Work, 10 (4), 271-281.

REID, Y., JOHNSON, S., MORANT, N., KUIPERS, E., SZMUKLER, G., THORNICROFT, G., BEBBINGTON, P., & PROSSER, D. (1999). Explanations for stress and satisfaction in mental health professionals: A qualitative study. Social Psychiatry and Psychiatric Epidemiology, 34, 301-308.

RIZZO, J. R., HOUSE, R. J., & LIRTZMAN, S. I. (1970). Role conflict and ambiguity in complex organizations. Administrative Science Quarterly, 15 (2), N/A.

RIZZO, J. R., HOUSE, R. J., & LIRTZMAN, S. I. (1970). Role conflict and ambiguity in complex organizations. Administrative science quarterly, 150-163.

RODWELL, J. S. (ED.). (1998). British plant communities: volume 1, woodlands and scrub (Vol. 1). Cambridge University Press.

RUSHTON, A. (1987). Stress amongst social workers. In R. Payne & J. Firth - Cozens (Eds.), Stress in HealthProfessionals (pp. 167 - 188). Chichester: John Wiley& Sons.

SCHWEINSBERG, A., & GARIVALDIS, F. (2020). Ready or not, here I come — Preparing online students for the real working world. In McKenzie S., Garivaldis F., Dyer K. R. (eds). Tertiary Online Teaching and Learning. Singapore: Springer.

SCHAUFELI, W. B. (2002) Coping with job stress. In N. J. Smelser & P. B. Baltes (eds), International Encyclopedia of the Social & Behavioral Sciences. Oxford: Elsevier.

SCHULZE, B. (2007). Stigma and mental health professionals: a review of the evidence on an intricate relationship. International review of Psychiatry, 19 (2), 137-155.

SCHWARZER, R. (2001). Stress, resources, and proactive coping. Applied Psychology: An International Review, 50, 400-407.

SCHWARZER, R., & KNOLL, N. (2003). Positive coping. In: Lopez, S. J., Snyder, C. R. (Eds.), Positive psychological assessment. APA, Washington, DC, pp. 393-409.

SCHWARZER, R. (2004). Manage stress at work through preventive and proactive coping. The Blackwell Handbook of Principles of Organizational Behavior. Oxford: Blackwell Publishing.

SCHWARZER, R. & TAUBERT, S. (2002). Tenacious goal pursuits and strivings: Toward personal growth. In E. Frydenberg (ed.), Beyond Coping: Meeting goals, visions, and challenges. Oxford: Oxford University Press.

SIEBER, J. E., & TOLICH, M. B. (2013). Planning ethically responsible research (Vol. 31). Sage.

SMITH, M. & NURSTEN, J. (1998). Social workers' experience of distress- moving towards change? British Journal of Social Work, 28, 351-368.

SNOW, K. (1994). Aggression: Just part of the job? The psychological impact of aggression on child and youth workers. Journal of Child and Youth Care. 9, 11-30.

SONG, K. B. (2005). Prevalence of client violence toward child and family social workers and its effects on burnout, organizational commitment, and turnover intention: A structural equation modeling approach. Columbia University.

SONG, K. (2005). Prevalence of client violence toward child and family social workers and its effects on burout, organization commitment, and turnover intention: a structure equation modeling approach (doctoral dissertationa). Retrieved from Proquest Dissertation & Thesis Database. (UMI No. 3188797).

SÖDERFELDT, M., SÖDERFELDT, B., & WARG, L. E. (1995). Burnout in social work. Social work, 40 (5), 638-646.

STRAUSS, A., & CORBIN, J. (1998). Basics of qualitative research techniques. Thousand Oaks, CA：Sage publications.

STALKER, C. A. , MANDELL, D. , FRENSCH, K. M. , HARVEY, C. , & WRIGHT, M. （2007）. Child welfare workers who are exhausted yet satisfied with their jobs：How do they do it? . Child & Family Social Work, 12（2）, 182-191.

SULS, J. , & DAVID, P. D. （1996）. Coping and personality：Third time's the charm? . Journal of Personality, 64, 993-1005.

SULS, J. , DAVID, J. P. , & HARVEY, J. H. （1996）. Personality and coping：Three generations of research. Journal of Personality, 64, 711-35.

THOMAS, C. H. , & LANKAU, M. J. （2009）. Preventing burnout：the effects of LMX and mentoring on socialization, role stress, and burnout. Human Resource Management, 48（3）, 417-432.

TRAVIS, D. , LIZANO, E. , & BARAK, M. （2016）. I'm so stressed!'：A Longitudinal Model of Stress, Burnout and Engagement among Social Workers in Child Welfare Settings. British Journal of Social Work. 46（4）, 1076-1095.

TRIPLETT, R. , MULLINGS, J. L. , & SCARBOROUGH, K. E. （1999）. Examining the effect of work-home conflict on work-related stress among correctional officers. Journal of Criminal Justice, 27（4）, 371-385.

TU, Q. , TARAFDAR, M. , RAGUNATHAN, B. S. , & RAGUNATHAN, T. S. （2007）. How end-user characteristics affect technostress：An Exploratory investigation.

ULRICH, C. , O'DONNELL, P. , TAYLOR, C. , FARRAR, A. , DANIS, M. , & GRADY, C. （2007）. Ethical climate, ethics stress, and the job satisfaction of nurses and social workers in the United States. Social science & medicine, 65（8）, 1708-1719.

UM, M. , & HARRISON. D. F. （1998）. Role stressors, burnout, mediators, and job satisfaction：a stress strain outcome model and an empirical test. Social Work Research, 22, 100- 115.

VAN SELL, M. , BRIEF, A. P. , & SCHULER, R. S. (1984) . Role conflict and role ambiguity: integration of the literature and directions for future research. Human Relations, 34 (1), 43- 71.

VINOKUR- KAPLAN, D. (1991) . Job satisfaction among social workers in public and voluntary child welfare agencies. Child Welfare, 70, 81- 91.

VITALIANO, P. P. , DEWOLFE, J. , MAIURO, R. D. , RUSSO, J. , & KATON, W. (1990) . Appraised changeability of a stressor as a modifier of the relationship between coping and depression: A test of the hypothesis of fit. Journal of Personality and Social Psychology, 59, 582- 592.

VINOKUR- KAPLAN, D. (1991) . Job satisfaction among social workers in public and voluntary child welfare agencies. Child Welfare, 81- 91.

VON GLASERSFELD, E. (1993) . Questions and answers about radical constructivism. The practice of constructivism in science education, 1, 23- 38.

WEI, A. T. , & TSUI, M. S. (2018) . Conjuncture and cultural reproduction in the process of embedding: Social work practice in the context of government purchase of services in China. China Journal of social work, 2018 (11), 18- 40.

WONG, S. S. , DESANCTIS, G. , & STAUDENMAYER, N. (2007) . The relationship between task interdependency and role stress: A revisit of the job demands- control model. Journal of Management Studies, 44 (2), 284- 303.

WOOTEN, N. R. , KIM, H. , & FAKUNMOJU, S. B. (2011) . Occupational stress in social work practice. Handbook of Stress in the Occupations, 71- 90.

YAMATANI, H. , ENGEL, R. , & SPJELDNES, S. (2009) . Child welfare worker caseload: what's just right? Social Work, 54 (4), 361- 368.

ZASTROW, C. (2003) . The practice of social work: Applications of generalist and advanced content. Wadsworth Publishing Company.

附录一：社会工作者访谈大纲

挑战 VS 对应：社会工作者角色压力与因应模式研究
访谈大纲

说明：

您好！谢谢您愿意成为“社会工作者角色压力及因应模式研究”的研究伙伴，相信您在访谈中关于工作和个人感受的分享，将会对本研究的顺利进行以及研究结论的呈现具有重要意义。

本研究将采用匿名的方式，确保访谈过程中所收集的资料只作为研究所用，研究结果的内容将与您分享与检定。非常感谢您愿意接受本研究的深度访谈，您的访谈资料将会对社会工作者职业发展提供很大的支持与帮助。衷心感谢您的参与。

东莞理工学院

张雪敬上

访谈大纲：

一、请谈一谈您担任 A 市社会工作者的经历与意义。

二、请谈一谈您的工作团队中利益相关方有哪些？

三、请问您如何看待自己所扮演的角色？您认为工作团队中所涉及的利益相关方是如何看待您所扮演的角色的？

四、在您对自己的角色认知以及团队其他成员对您的角色期待的基础上，您是如何扮演您的角色的？

五、在扮演角色的过程中，您认为有哪些角色压力？

六、您认为影响您产生以上角色压力的影响因素有哪些？

七、以上哪些影响因素比较重要？

八、这些角色压力伴随着您的职业生涯发展会有变化吗？如果有，呈现哪些变化？您认为为什么会发生变化？

九、请您结合具体的经历谈谈在应对不同的角色压力时，一般会有哪些因应方式？

十、请问您在因应角色压力时，是否存在困境？若是，为什么会存在相应的困境？

十一、请问您在应对社会工作者角色压力方面还有什么相关意见？

附录二：访谈同意书

挑战 VS 对应：社会工作者角色压力与因应模式研究
访谈同意书

本人（以下简称受访者）　　　　　　，工作单位为　　　　　　　　，为协助研究者张雪（以下简称研究者）进行“社会工作者角色压力与因应模式研究”，同意接受此研究过程中的深度访谈。为保障受访者之隐私及权益，现与研究者签订此访谈同意书。有关访谈同意书的具体内容如下。

一、访谈进行方式

（1）访谈是以面对面的方式进行，视访谈之框架、内容，每次深度访谈的时间在 1~2 小时，也可根据访谈现场的具体情况进行弹性调整。

（2）访谈的时间与地点，以受访者的便利为优先考量，若双方已经约好时间，也可根据受访者的变动进行调整。

（3）为确保访谈内容能够被真实记录，经受访者同意后，研究者将对整个访谈过程中的访谈对话进行笔记摘要和录音。

二、访谈具体内容的处理及应用

（1）访谈的全部内容不会被第三方知晓，在未来研究论文中的呈现，将会以化名的方式呈现受访者的身份，以保护受访者的隐私。

（2）访谈结果将会进行汇总、整理成文字档案，作为本研究的原始资料，也可能会涉及本主题研究论文的发表。

（3）所有关于受访者的访谈结果，呈现在本研究过程中的文字，将会在正式发布前给受访者过目，确认观点没有问题，再进行正式引用。

三、受访者的权力

（1）在深度访谈过程中，受访者认为的敏感性问题，可以采用拒绝回应的方式回避，并确保受访者不会因为拒绝访谈而有任何权益上的丧失。

（2）在访谈过程中，受访者有权力决定暂停、中断访谈或退出本研究。

受访者签名：

研究者签名：

签署日期：

附录三：受访者基本信息记录

挑战 VS 对应：社会工作者角色压力与因应模式研究
受访者基本信息记录表

序号	受访者姓名	性别	年龄	工作单位	职级	工作年限	所在岗位	确认信息签名